SONJA BULLEN

Allein unter Superstars

PINK • Ein Imprint von Oetinger Taschenbuch

Für meine Mutter,
die immer an mich glaubt

PINKpressum

PINK • Ein Imprint von Oetinger Taschenbuch

1. Auflage 2013

Originalausgabe

Umschlaggestaltung: Hauptmann & Kompanie Werbeagentur,
München – Zürich
Druck: CPI – Clausen & Bosse, Leck
ISBN 978-3-86430-019-6

FSC
www.fsc.org
MIX
Papier aus verantwortungsvollen Quellen
FSC® C083411

www.pinkupyourlife.de
www.facebook.com/pinkupyourlife

01

WIRKLICH? Du willst ohne Wimperntusche auf die Straße? Kein Kommentar.

Nerv nicht rum, Josy!

Mein Seufzen übertönt für einen Moment sogar ihre viel zu hohe Stimme.

Kein Wunder, dass ich schon immer besser mit Jungs klargekommen bin. Jill ist schließlich auch ein Jungenname.

Irgendwann hat sich diese Josy-Zicke einfach so in meinem Kopf eingenistet. Und da wohnt sie nun und äußert zu allem und jedem ihre überflüssige Girlie-Meinung. Sie denkt, sie ist der Nabel der Welt. »She thinks she's made of candy«, wie Robbie Williams sagen würde.

Als ich Paul das erste Mal von Josy erzählt habe, hat er noch nicht mal gelacht. Er wollte einfach nur wissen, wie sich ein Girlie im Kopf so anfühlt. Manchmal fragt er auch, wann er sie endlich kennenlernen darf. Eben ein Junge und mein bester Freund. Ganz ohne Zicken.

Nicht nur die fehlende Wimperntusche, sondern auch noch die Must-Haves der Saison verpasst. Du lernst es nicht mehr, Jill.

Ich hab es wirklich noch nicht gelernt, dich zum Schweigen zu bringen.

Ihren ersten Auftritt hatte Josy, als ich zu einer Party eingeladen war und nicht wusste, was ich anziehen soll. Da war ihre Stimme noch ganz leise. Ich ignorierte sie einfach, denn wer hört schon gern Stimmen. Aber mit der Zeit wurde sie immer lauter, und es blieb mir nichts anderes übrig, als zu lauschen.

Ich stelle mir gerade wie so oft einen Regler an meinem Kopf vor und schiebe den Volume-Button auf null. Josy plappert munter weiter, aber ich bekomme nichts mehr davon mit. Leider übernimmt sie schnell wieder die Kontrolle.

Jetzt muss ich wirklich los zur Schule. Wenn ich zu spät komme, steht Paul vor dem Schultor und starrt mit einem eindringlichen Blick auf seine Uhr. Niemand hat ihm gesagt, dass er jeden Morgen auf mich warten soll, aber er tut es doch immer.

»Jill, vergiss bitte nicht, nach der Schule die Bücher abzuholen, ja?«

Na klar. Meine Mutter ist bestimmt wieder bis spätabends in der Kanzlei. Deshalb trägt sie mir gerne Dinge auf, die angeblich auf dem Weg liegen, in Wirklichkeit aber einen zwanzigminütigen Umweg bedeuten. Das könnten doch auch mal Leonie oder Chloe erledigen! Aber wahrscheinlich denkt Mama, dass die Wichtigeres zu tun haben.

Meine großen Schwestern sind immer schwer beschäftigt. Irgendwie dachte ich, dass auch ich mit dreizehn in die Liga der besonderen Mädels aufsteige. Chloe und Leonie waren in meinem Alter, als sie so richtig kapiert haben, was sie wollen und können. Aber seit meinem Geburtstag vor einem Monat hat sich nichts geändert in meinem Leben, außer dass ich es gewagt habe, meinen blonden Haaren einen Kurzhaarschnitt verpassen zu lassen. Meine Mutter sagt, dass meine dunkelbraunen Augen jetzt richtig schön zur Geltung kommen. Aber Mütter sagen nun einmal solche Sachen, die wahrscheinlich kein anderer so sieht.

Die Wahrheit ist: Ich bin eine mittelmäßige Dreizehnjährige, die jeden Tag dasselbe tut. Leonie hatte zwei Tage vor mir Geburtstag und ist sechzehn geworden. Chloe feiert bald ihren achtzehnten Geburtstag. Warum kann ich nicht auch so sein wie meine Schwestern? Beliebt, talentiert, cool?

Es wird Zeit, herauszufinden, wie ich das anstelle!

Wie erwartet sehe ich Paul bereits von Weitem. Ich bin ein paar Minuten zu spät, und er hat mindestens schon fünfmal auf seine Uhr gestarrt. Doch als ich ihn erreiche, strahlt er mich an. »Meine Jill, immer dasselbe.«

›Meine Jill‹, äfft Josy ihn nach. Wie wäre es mal mit ›Hey, Josy, wie geht es dir heute?‹?

»Wenn du jetzt nicht endlich die Klappe hältst, dann, dann …«

»Ich?« Paul guckt mich verdutzt von der Seite an.

»Nein, die Zicke.«

»Schlimmer Tag mit ihr?«

»Frag nicht.«

Aufmunternd legt Paul mir seinen Arm um die Schultern.

»Ich lad dich nachher zum Eis ein, okay? Jetzt aber schnell, sonst hat die Schmehlenberg wieder nichts Besseres zu tun, als uns auf ihrer Zu-spät-Liste einzutragen.«

Ohne Paul wäre Schule ganz schön öde. Nicht nur, dass unsere Lehrer steinalt sind – es gibt auch kein Fach, in dem ich wirklich glänze.

Heute liefert sich unser Klassenclown Tobias mal wieder erbitterte Kämpfe mit unserer Klassenlehrerin, der Schmehlenberg. Ich lehne mich zurück, habe freie Sicht auf ihren verbitterten Gesichtsausdruck und kann nur noch an Schulschluss denken.

Was Paul wohl dazu sagt, dass ich endlich mein Supertalent entdecken will? Ich kann es kaum erwarten, ihm davon zu erzählen. Es wäre zu schön, endlich berühmt zu sein und keine Zeit mehr für Hausaufgaben und Mamas Botengänge zu haben!

Auf dem Heimweg weihe ich ihn sofort in meinen Plan ein.

»Was suchst du denn?«

»Na ja, mich sozusagen. Klingt das total komisch? Ich dachte nur irgendwie, dass es doch etwas geben muss, was ich richtig gut kann. Du bist ein Ass in Sport, meine Schwestern haben beide besondere Talente, und meine Mutter ist eine berühmte Anwältin … Und ich, na ja, ich bin eben Jill. Und das war's.«

Paul zieht seine Stirn kraus. »Aber da gibt es doch viele Dinge, die dich besonders machen!«

»So, und welche sollen das sein?«

Na eben. Wenigstens hast du es selbst erkannt. Da gibt es nichts!

Ich tue so, als hätte ich Josys Kommentar nicht gehört.

»Zum Beispiel kannst du richtig gut zuhören.«

Na ja, wenn er meint. Ich könnte da ganz andere Geschichten erzählen.

»Zuhören ist doch nichts Besonderes.«

»Ich finde schon. Außerdem bist du ganz gut in Deutsch und kannst perfekt mit dem Computer umgehen.«

»Das können viele. Verstehst du nicht, Paul, ich meine etwas Außergewöhnliches. Etwas, das andere aufblicken lässt, wenn sie davon hören. Meine großen Schwestern zum Beispiel sind total erfolgreich und können sich kaum retten vor guten Angeboten.

Jeder will Leonies selbst designte und handgenähte Kleidung kaufen, und Chloe verhandelt bereits mit dem dritten Handballverein. Sie kann sich den aussuchen, der ihr die besten Konditionen bietet. Und letzte Woche war ein Artikel über Mama in der Zeitung, weil sie wieder irgendeinen Promi rausgeboxt hat. Bei uns klingelt ununterbrochen das Telefon, aber nie will jemand mit mir sprechen.«

Paul richtet sich entrüstet auf. Seine braunen Haare, die meistens von unkämmbaren Wirbeln durchsetzt sind, stehen in alle Richtungen ab, und seine hellblauen Augen blitzen mich an. »Doch, na wohl! Ich!«

»Ach, Paul. Du verstehst mich nicht.«

Er lässt die Schultern hängen und schweigt eine Weile lang. »Wollen wir erst mal Eis essen?«

Mann, Jill, du kannst froh sein, dass sich dir ein Junge von Pauls Kaliber überhaupt zuwendet. Unglaublich, stoß ihn doch nicht vor den Kopf! Sonst hast du bald niemanden mehr. Nur noch mich. Weil ich bei dir gefangen sitze.

»Ich habe dich nicht dazu eingeladen!«, rufe ich genervt.

Paul zuckt zusammen. »Nee, ich weiß. Ich wollte doch **dich** einladen!«

»Sorry, das meinte ich nicht. Habe gerade mit meinem Kopfmonster gesprochen.«

Und außerdem, Josy, habe ich genügend Freunde,

na ja, Bekannte. Nur weil ich wenig Lust auf all diese Mädchendinge habe, heißt das nicht, dass ich ganz allein dastehe. Außerdem ist Paul hart im Nehmen. Er weiß doch, dass ich manchmal ein bisschen aufbrausend sein kann.

Ich knuffe ihn in die Seite. »Es tut mir leid. Ich wollte nicht rumzicken. Lass uns Eis essen.«

Paul, über einen Riesenbecher Schokoladeneis gebeugt, sprudelt nur so über vor Ideen. »Jemand wie du kann bestimmt viele Dinge supergut. Probier es doch mit Singen. Oder Tanzen. Oder lern irgendein Instrument.«

Ich schmeiß mich weg. Du solltest lieber mal beim Thema Schminken auf die Pauke hauen und dir in der Drogerie die Basics besorgen! Wenn du Glück hast, findet sich jemand, der dir eine Typberatung gibt. Dann klappt's vielleicht auch mit den Jungs! Singen kannst du immer noch, wenn es dazu mal einen Anlass gibt.

»Ich mein' ja nur, brauchst doch nicht gleich so böse zu gucken.«

»Ist nicht wegen dir, Paul. Josy läuft heute einfach zur Höchstform auf, die alte Hippe.«

Äääääcccchhem. Räusper. Hust.

»Tut mir leid, Jill. Wenn ich könnte, würde ich sie vertreiben. Dann wüsste ich auch immer, dass ich gemeint bin, wenn du was sagst.« Er grinst schelmisch. »Wenn du einen Weg gefunden hast, uns vorzustellen, dann sag Bescheid.«

Gerne.

»So weit kommt es noch!«

Wir sitzen noch ein Stündchen im Eiscafé und schmieden Pläne für das Wochenende. Insgeheim beschließe ich, zu Hause mal zu brainstormen, was ich alles ausprobieren könnte. Paul ist zwar total lieb, aber so richtig begreift er mein Problem nicht. Dann muss ich wohl allein herausfinden, auf welchem Weg ich berühmt werden kann. Glänzen und glitzern wie die Sternchen aus der *Gala* macht bestimmt Spaß.

Mein Reden. Aber trotzdem hast du das Augenglitzer-Gel noch immer nicht gekauft. Nun ja.

Vielleicht finde ich auch einen Weg, Josy zum Schweigen zu bringen, bevor sie mich noch in den Wahnsinn treibt.

02

BITTE, JILL, hör auf, diese Sachen aufzuschreiben, sonst bekomme ich noch Krämpfe vor Lachen!

Wenn es doch nur eine Möglichkeit gäbe, irgendetwas vor Josy zu verbergen.

Seit zwei Stunden sitze ich an meinem Schreibtisch und habe bisher für jede meiner Kategorien – Musik, Sport, Schauspiel – erst eine Sache gefunden, die ich ausprobieren könnte. Warum wurde ich eigentlich nicht mit vier Jahren zum Geigenunterricht geschleppt oder als Kind fürs Fernsehen entdeckt? In meinem Alter noch irgendetwas anzufangen ist so mühsam.

Also, was das Singen angeht, na ja. Ich könnte es in einem Chor versuchen. Letztes Wochenende hab ich in der Zeitung von einem Popchor gelesen, der noch Mitglieder sucht. Wenn sich rausstellen sollte, dass ich richtig gut bin, könnte ich irgendwann zu einem Casting gehen.

Bitte, bitte, ich kann nicht mehr! Gib mir eine Pause! Hast du dir mal zugehört, wenn du unter der Dusche singst? Wenn dein Duschgel Beine hätte, würde es sich im Dauerlauf davonmachen.

Josys Lachen scheppert in meinem Kopf wie das Uralt-Radio meiner Oma.

Der Bereich Sport macht mir am meisten Sorgen. Ich hab zwei linke Füße, jedenfalls sagt mein Opa das immer. »Ist doch nicht schlimm!«, fügt er dann meistens schnell noch hinzu. Der hat gut reden. Schließlich muss er beim Schulsport nicht eine lächerliche Übung nach der anderen machen. Und wird nicht ausgelacht, wenn er wieder mal einen Brennball an den Kopf kriegt, so wie ich ständig. Mein Körper scheint Unfälle anzuziehen wie ein Magnet.

Es dauert lange, bis ich eine Sportart finde, die ich noch nie ausprobiert habe und bei der mir meine zwei linken Füße nicht im Weg stehen werden: Trampolinspringen! Da hängen meine schmächtigen Beine doch die meiste Zeit in der Luft, und man kann elegante Bewegungen mit den Armen machen. Ich hab sogar schon mit Chloe gesprochen. In ihrem alten Verein gibt es Trampolinkurse. Und wenn man sich die Olympiade so anguckt, kann man wohl in jeder Sportart eine bekannte Größe werden, über die die Zeitungen berichten.

Ich sehe dich schon fliegen, vielleicht auf und davon? Dann halte mich aber wenigstens da raus.

Josy, weißt du eigentlich, dass du heute total Panne aussiehst? Du hast Lippenstift auf den Zähnen, und dein Kajal ist verschmiert.

Stille. Obwohl ich gar nicht weiß, wie Josy eigentlich aussieht, versuche ich manchmal, sie mit solchen Sprüchen ruhigzustellen. Das klappt fast immer. Da Josy in meinem Kopf keinen Spiegel hat, verschlägt es ihr vor Schreck meistens die Sprache.

In der Schule gibt es zwei Theater-AGs, für die man sich anmelden kann. Die aus der Sparte »Improvisation und Kreativität« passt wohl am besten zu mir. Im Bereich Schauspielkunst gibt es das »Darstellende Spiel«, aber da ist auch Amy, meine persönliche Anti-Freundin, also scheidet das aus. Außerdem hab ich gehört, dass die bisher ständig Stücke aufgeführt haben, die kaum einer sehen wollte.

Und Pauls Vorschlag, ein Instrument zu lernen, sollte ich vielleicht auch nicht ganz außer Acht lassen. Die coolsten Instrumente, die mir einfallen, sind Schlagzeug und Saxofon. Da meine Mutter eine Karriere als Drummerin bestimmt nicht unterstützen würde, konzentriere ich mich lieber auf das Saxofon. Außerdem habe ich von Blasinstrument-Schnuppertagen in der Musikschule gehört. Ich will ja auch nicht mein gesamtes Taschengeld auf einen Schlag aufbrauchen. Morgen werde ich Paul die Liste präsentieren.

So oder so, es wird der Anfang vom Ende sein.

Ah, du bist wieder aufgetaucht. Hast du heute eigentlich einen Bad-Hair-Day? Deine Haare sitzen nämlich überhaupt nicht. Sieht ganz schön blöd aus!

Keine Reaktion. Gut. So wird es hoffentlich eine ruhige Nacht.

Am nächsten Tag kann ich das Pausenklingeln gar nicht abwarten.

»Hey, Paul, ich will jetzt Saxofon lernen!«

»Sehr gut, Jill. Wenn du dann eines Tages Jazzkonzerte gibst, sitze ich in der ersten Reihe.«

»Das ist aber noch nicht alles. Ich will noch zum Improtheater und zum Popchor.«

Paul strahlt.

»Und ich dachte, ich könnte es auch mal mit Trampolinspringen probieren.«

Seine Mundwinkel erschlaffen schlagartig. »Wirklich? Ja, das ist, nun, wie soll ich sagen, eine Überraschung. Pass gut auf dich auf, hörst du?«

Na toll. Josy kichert wie ein hysterisches Huhn. Denen werde ich es schon zeigen.

Nach der Pause gehen wir in die Turnhalle. Als Amy uns kommen sieht, wirft sie mir einen bösen Blick zu und pustet sich eine giftblonde Haarsträhne aus dem Gesicht. Amy ist schlank, immer stylish und die unsympathischste Person, der ich je begegnet bin. Zum Glück sieht Paul das genauso. Und das wurmt Amy. Sie kann einfach nicht begreifen, warum er lieber mit mir als mit ihr abhängt.

O nein, Herr Schneider, unser Sportlehrer, baut die Geräte fürs Zirkeltraining auf. Ein schadenfrohes Grinsen huscht über Amys Gesicht.

»Morgen! Ich hoffe, ihr seid fit, ausgeschlafen und konzentriert!« Herr Schneider ist klein, hat einen Riesenschnauzbart und spricht, als wäre er eigentlich lieber beim Militär gelandet. Paul guckt genervt. Dabei muss er sich überhaupt keine Sorgen machen. Er ist eine absolute Sportskanone!

Acht Stationen später hat sich an meinem linken Schienbein bereits ein fetter blauer Fleck gebildet. Ich schaffe es einfach nie, über die bescheuerten Kastenhürden zu springen. Nicht nur, dass Josy in dem Moment vor lauter Scham beginnt, ein Lied zu singen (das macht sie immer, wenn es ihr mit mir zu peinlich wird). Nein, Amy hat sich blitzschnell zu den It-Girls unserer Klasse, Marie, Melanie und Stacey, gesellt und sie dezent darauf aufmerksam gemacht, wie ungeschickt ich doch bin. Na ja, was eben dezent für jemanden wie Amy bedeutet. Sie hat eine ähnlich schrille Stimme wie Josy.

»Habt ihr das gesehen? Jill rafft es einfach nicht.«

»Und du raffst es, oder was? Dann zeig doch mal, dass du's besser kannst!«

Das war Paul. Amy läuft rot an. Er zwinkert mir

zu. Paul ist der beste Freund, den man sich vorstellen kann. Ich recke meinen Daumen in die Höhe und grinse extra breit.

Bevor ich meine Hausaufgaben mache, will ich noch schnell meine Telefonate erledigen. Aber wie sollte es anders sein? Das Telefon ist besetzt. Als Leonie endlich aufgelegt hat, klingelt es sofort wieder.

»Chloe, für dich!«, ruft sie durch den Flur.

Das gibt es doch nicht! Ich stampfe die Treppe hinauf.

Leonie streckt den Kopf aus ihrer Zimmertür. »Bist du unter die Nilpferde gegangen, oder was?«

Ist das denn was Neues?

»Ihr könnt mich alle mal!«

»Ups, du bist wohl mit dem linken Fuß aufgestanden. Obwohl, das tust du doch immer irgendwie, oder?« Sie grinst schelmisch.

Ich drehe Leonie den Rücken zu und will in meinem Zimmer verschwinden, doch sie kommt mir blitzschnell hinterher.

»Hey, sorry, war nicht so gemeint. Hast du einen miesen Tag? Heute früh warst du doch noch so gut drauf.«

»Ich will einfach nur telefonieren. Und zwar auf dem Festnetz, damit mein Handy-Guthaben nicht gleich wieder aufgebraucht ist.«

Leonie winkt ab. »Ach so, wenn es nur das ist.

Chloe telefoniert mit dem neuen Handballtrainer. Das dauert bestimmt nicht so lange.«

Nicht so lange, aha. Wenn mit einer Dreiviertelstunde »nicht so lange« gemeint ist, na dann.

Als ich endlich das Telefon in Händen halte, weiß ich gar nicht, wo ich zuerst anrufen soll. Ich entscheide mich kurzerhand für den Popchor. Die Frau am Telefon ist etwas kurz angebunden, doch sie beteuert mit Leierstimme, wie sehr sie sich über Zuwachs freuen.

»Wir üben immer dienstags, von halb sechs bis sieben. Sei einfach etwas eher da, dann können wir noch einiges besprechen.«

Was gibt es denn zu besprechen? Ich seh doch dann, wie es läuft. Ich will nicht sprechen (damit kann ich wohl keinen Preis verdienen), sondern singen. Nun ja, ich bin gespannt.

Und ich erst.

Als Mama am Abend nach Hause kommt, fällt mir siedend heiß ein, dass ich vergessen habe, ihre Bücher abzuholen.

»Ach nö, oder? Mann, Jill. Ich habe dich doch extra heute Morgen noch mal daran erinnert.«

»Tut mir leid. Ich hab im Moment einfach so viel im Kopf.«

Mama, Leonie und Chloe bilden gemeinsam ein Fragezeichen.

»Auch wenn ihr es bisher noch nicht bemerkt haben solltet – ich habe ein Leben! Wie wäre es, wenn du, Leonie, die Bücher morgen abholst? Deine Nähmaschine kann dich sicher eine Weile entbehren, ohne vor Sehnsucht zusammenzubrechen.«

Da Leonie sich geschlagen gibt, legt sich die Spannung schnell, und das Abendessen wird noch recht lustig. Jede von uns erzählt eine Anekdote vom Tag. Das ist unser allabendliches Ritual. Manchmal bin ich überrascht, wie wir vier Weiber, wie Papa uns manchmal mit einem Augenzwinkern nennt, es schaffen, immer wieder den Dreh zu kriegen. Für Papa wäre das nicht einfach. Vielleicht ist es besser, dass er mit seiner neuen Frau gleich zwei Stiefsöhne bekommen hat.

Das Rattern von Leonies Nähmaschine im Zimmer nebenan noch im Ohr, fliege ich wie immer viel zu spät ins Traumland. Dort führt es mich zu Orten, an denen Kreaturen wie die Doppellinksfüßler leben. Und da es ein Traum ist, werden sie an diesem Ort angehimmelt wie Gottheiten.

03

TAGELANG LIEGT PAUL mir mit neuen Ideen im Ohr: Du könntest doch bei der Schülerzeitung anheuern (da werde ich wohl kaum berühmt), ein eigenes Lied komponieren (wie denn, wenn man keine Noten lesen kann?) oder dich bei *Wetten, dass..?* bewerben (und aus Mitleid Wettkönigin werden, weil ich vor den Kameras so oft gestolpert bin). Immerhin hat er sich eine Menge Gedanken gemacht.

Heute versuche ich mein Glück erst mal beim Popchor.

Als ich um Viertel nach fünf ins Kulturzentrum komme, warten bereits drei Mädchen im Flur. Ich schätze sie auf ungefähr sechzehn. Obwohl ich freundlich Hallo sage, würdigen sie mich keines Blickes. Die Größte von ihnen, eine schwarzhaarige Schönheit, wirft ihren Kopf zurück. »Ich fand es auch schöner, als er noch lange Haare hatte. Das passte doch total gut zu ihm! Er sollte mal lieber uns fragen statt seine Freundin, wenn es um so etwas geht.«

Ein etwas untersetztes Mädchen mit rötlichen Locken schüttelt den Kopf. »Also, ich finde, egal welche Frisur er hat, er sieht immer toll aus.«

Die Dritte im Bunde, blass und unscheinbar, erhebt ihre Piepsstimme: »Da stimme ich zu. Seine Ausstrahlung ist sowieso der Hammer.«

Über wen reden die denn?

Die Tür fliegt auf, und ein Mädchen mit asymmetrischen Haaren, wahrscheinlich so alt wie Chloe, stürmt herein. Sie kommt direkt auf mich zu.

»Du musst Jill sein! Sorry, eigentlich wollte ich schon etwas eher hier sein. Ich bin Lara.«

Jetzt richten auch die anderen ihre Blicke auf mich und scheinen mich zum ersten Mal zu bemerken. Die schwarzhaarige Schönheit scannt mich von oben bis unten ab. Josy seufzt. Lara schließt die Tür auf.

»Lass uns kurz reinhören, wie deine Stimme so tickt, bevor Luca kommt.«

Hä? Reinhören, wie meine Stimme so tickt? Die drei Grazien strömen mit in den Raum und setzen sich auf die linke Seite. Eine nach der anderen verschränken sie die Arme vor der Brust. Lara nimmt mich mit nach vorn und klappt den Klavierdeckel hoch.

»Also, ich übernehme das mal. Ich bin schon recht lange dabei. Sing einfach nach, was ich vorsinge, am besten auf düdüdü.«

Düdüdüdü, bitte nicht: düdiedüdiedü.

»Sei still!«, herrsche ich Josy an. Lara zuckt erschrocken zusammen. »Nein, nein, dich meinte ich nicht.«

Lara hebt verwirrt die Augenbrauen. Ich merke, wie ich rot werde. Danke, Josy!

Immer mehr Chormitglieder bevölkern den Raum. Lara singt und spielt auf dem Klavier; ich versuche, sie nachzuahmen.

»Ja, das klingt doch gar nicht schlecht. Du kannst dich zum Sopran stellen.«

Soso, Sopran also. Und wer, wie sollte es anders ein, ist ebenfalls Teil des Soprans? Die drei Grazien, die Lara mir nun vorstellt. Das südamerikanische Model heißt – ha, wie passend – Grazia. Das Rotlöckchen ist Mandy, und die unscheinbare Piepsstimme trägt den Namen Merle. Natürlich thronen die drei in der ersten Reihe. Insgesamt sind es fünfzehn Mädels, die Sopran singen. Ich verstecke mich ganz hinten. Da habe ich erst mal meine Ruhe.

Plötzlich geht ein Raunen durch den Übungsraum, und alle springen auf. Ich muss mich auf Zehenspitzen stellen, um mitzubekommen, was los ist.

Ein braun gebrannter junger Mann mit hochgeschleimten Haaren hat mit federnden Schritten den Raum betreten. Lara dreht sich zu mir um, sucht meinen Blick und ruft: »Das ist Luca, der Chorleiter! Komm doch auch nach vorn!«

Muss das wirklich sein? Ich versuche, mir einen

Weg durch die aufgeregte Menge zu bahnen, reiße dabei zwei Stühle um und falle beinahe hin. Erst kurz vor dem Klavier fange ich mich wieder. Fast wäre ich Luca in die Arme gepurzelt.

»Na, wen haben wir denn da?« Er strahlt mich an. Dabei fallen seine hervorstehenden Wangenknochen sehr unangenehm auf. Da ich nicht antworte, stellt Lara mich vor.

»Das ist Jill. Sie will vielleicht bei uns im Chor mitsingen. Ihre Stimme hab ich schon getestet. Sopran, ganz passabel.«

Ich nicke Luca zu und begebe mich wieder zurück zu den Sitzreihen. Grazia kichert, Mandy wirft mir vernichtende Blicke zu, und die naive Merle piepst: »Die geht ja ran, unglaublich!«

Jetzt weiß ich wenigstens, über wen die drei sich vorhin unterhalten haben. Sie stehen auf diesen Luca. Wie oberpeinlich das Ganze hier ist!

Wenigstens erkennst du das selbst. Habe schon überlegt, wie ich dich schonend darauf hinweisen kann.

Seit wann machst du dir die Mühe, mir etwas schonend beizubringen? Kann mich nicht erinnern, Josy.

Ich bin extra hergekommen, also bleibe ich auch bis zum Schluss.

Josy atmet schwer.

Inzwischen hat sich Lara vor das Klavier gestellt.

»Ich habe in Absprache mit Luca wieder das Einsingen vorbereitet. Singt mir nach: MomMomMom-Mom, einmal die Tonleiter hoch.«

Sie wiederholt die Tonleiter immer und immer wieder, bis einige der Mädels krächzen wie die Papageien im Zoo. Einsingen nennt Lara das. Immerhin hat sie meine Stimme als passabel bezeichnet. Da gibt es bestimmt noch Steigerungsmöglichkeiten.

Als wir endlich eingesungen sind, spielt Luca eine gefühlte Ewigkeit *Diamond* von Rihanna am Klavier. So, wie er es spielt, erkenne ich das Lied kaum wieder. Irgendwie macht er sein eigenes Ding daraus. Ich werde das Gefühl nicht los, dass es ihm gefällt, wie die Blicke an ihm kleben.

»Also, Mädels, wir fangen mal an mit der Zeile *We're beautiful like diamonds in the sky*. Die passt doch sowieso am besten zu euch!«

Was für ein Schleimer! Grazia bricht fast zusammen vor Freude. Sie legt ihren Kopf schief, und ihr entfährt ein Laut des Entzückens.

»Sopran, zuhören, genau, gut, und der Alt klingt so dazu, ja, ganz richtig.«

Die Einwürfe *Shine bright like a diamond* übernimmt Lara. Mann, klingt das dämlich. Was habe ich mir da nur eingebrockt? Doch offenbar bin ich die Einzige, die das so empfindet, denn wo ich auch hinsehe – grenzenlose Begeisterung. Gut, nach einer Weile klingt es nicht mehr ganz so schlimm, aber wenn wir damit irgendwo einen Auftritt hätten, würde ich mich ganz sicher krankmelden. So unauffällig wie möglich schiebe ich mich wieder nach hinten in die letzte Reihe.

»Das sollte zur Einstimmung reichen. Ich gebe jetzt mal die Noten rum. Dann habt ihr was zum Festhalten!«

Luca lacht so heftig los, dass ich vor Schreck fast vom Stuhl falle. Das kann bei mir ganz schnell gehen. Alle anderen sind anscheinend schon an seine komischen Ausbrüche gewöhnt, denn sie zucken nicht mal mit der Wimper. Erst jetzt entdecke ich einige Stühle weiter zwei Mädels, die mit den Augen rollen. Also gibt es doch noch Normale hier.

Während alle anderen ihre Nasen im Papier versenken, kann ich mich an meinem Blatt wirklich nur festhalten. Dummerweise habe ich nämlich nie gelernt, Noten zu lesen. Zum Glück kenne ich das Lied aus dem Radio und kann es problemlos mitsingen. Doch Josy sieht das etwas anders. Sie flüstert gequält: Ich habe eine Tür entdeckt, an der Wand hinter dir! Die führt bestimmt ins Freie! Lass uns von hier verschwinden, okay?

Nö.

Erst übt Luca die Begleitstimme mit dem Alt. Die beiden Mädels, die wohl auch nicht zu Lucas Fans zählen, singen richtig schön. Als der Sopran dran ist, stehen Grazia, Mandy und Merle so gerade, als hätten sie einen Stock verschluckt. Man sieht ihnen an, dass sie hoch konzentriert sind. Plötzlich schüttelt Luca wie wild den Kopf hin und her, wobei seine Schleimtolle wie ein Affe auf einer Schaukel wippt.

»Grazia, du hängst einen Halbton daneben, hörst du das denn nicht? Versuch es noch einmal.«

Luca spielt dazu auf dem Klavier und bohrt angestrengt seinen Zeigefinger in die Luft, was wohl bedeuten soll, dass Grazia immer noch nicht ganz in der Spur ist. »Das ist ja nicht zum Aushalten!« Luca unterbricht sein Spiel. »Lara, könntest du mit Grazia in der Pause ein bisschen üben? Das kriegt unsere Neue ja besser hin.« Er strahlt mich an, seine Schleimtolle floppt auf und ab, und ich versinke im Erdboden.

Lara dreht sich zu Grazia. »Klar, kein Problem.«

Es ertönt ein Geräusch, das irgendwie an ein Wildschwein auf Trüffelsuche erinnert. O nein, ich glaube, Grazia schluchzt. Was geht denn hier ab? Sollte ich doch besser durch die Hintertür verschwinden?

Ich weiß nicht, wie, aber ich halte das Spektakel Popchor bis zum Ende durch. Und eineinhalb Stunden können sehr, sehr lang sein.

»So, meine Lieben, das reicht für heute! Vergesst nicht euer Motto für diese Woche: Shine bright like a diamond!«

Wieder dieses irre Lachen. Ich glaube, Luca hat echt einen an der Murmel. Und besonders nett war er auch nicht gerade, jedenfalls nicht zu seinen größten Bewunderinnen. Als ich schnell nach meiner Jacke greife, kommt Lara auf mich zu.

»Und? Cool bei uns, oder? Wer singt schon Rihanna im Chor?«

Ja, wer tut so was eigentlich?

»Also, ähm, weißt du, Lara, ich glaube, ich bin einfach nicht gut genug.«

»Ach, Jill, das wird schon! Fürs erste Mal war das doch super!«

Super? Hat die Erbsen in den Ohren?

»Nee, aber ehrlich, das ist nichts für mich. Trotzdem, danke für deine Mühe.«

Ungläubig schaut sie mich an, als hätte ich einen Witz gemacht. Bestimmt kann sie sich nicht vorstellen, dass jemand ihrem Superchor freiwillig den Rücken kehrt.

»Na ja, wenn du meinst. Kannst ja mal zuhören kommen, wenn wir einen Auftritt haben. Dann weißt du, was du verpasst!«

Wenigstens lächelt sie wieder.

Zu Hause angekommen, rufe ich als Allerersten Paul an. Tatsächlich ist das Telefon mal frei – aber nur, weil niemand zu Hause ist.

Paul ist richtig aufgeregt. »Und? Wie war's? Startest du jetzt eine Gesangskarriere?«

»Nun ja. Wo soll ich anfangen.« Ich berichte ihm

bis ins kleinste Detail von meinem Nachmittag. Er hat den Anstand, nicht zu lachen, als ich ihm erzähle, dass ich dem schleimigen Chorleiter fast in die Arme gefallen bin. Wie immer hat er etwas Positives zu sagen.

»Aber das heißt ja nicht, dass du kein Gesangstalent hast. Du kannst es ja woanders wieder probieren.«

»Wie lieb von dir. Mal sehen. Erst mal bin ich geheilt.«

»Was steht als Nächstes auf deinem Plan?«

»Bin noch unschlüssig. Entweder Trampolin oder Saxofon.«

»Ruf doch erst bei der Musikschule an«, sagt er so beiläufig wie möglich.

Doch sogar Josy hat kapiert, dass er sich nicht vorstellen kann, wie ich grazil durch die Luft hüpfe.

Oder geh gleich morgen zum Sportverein. Dann haben alle ihren Spaß. Außer mir natürlich. Und dir – denn du wirst dir sicher beide Beine brechen.

»Weißt du was, Paul? Ich hab mich entschieden. Als Nächstes steht eine Trampolin-Schnupperstunde auf dem Programm.«

Stille in der Leitung. Und in Josys Stübchen.

Denen werde ich es schon zeigen.

04

IN DEN NÄCHSTEN TAGEN läuft es super in der Schule. Ich komme ausnahmsweise mühelos mit, ohne viel tun zu müssen, und noch nicht mal die Schmehlenberg schafft es, mich auf die Palme zu bringen. Auch das Schicksal meint es gut mit mir. Herr Schneider ist krank, und Sport fällt diese Woche aus. So kann ich mich mit meiner ganzen Energie auf die Trampolin-Schnupperstunde bei uns im Sportverein konzentrieren. Paul hat mindestens drei Mal gefragt, ob er mitkommen soll. Und Josy hat tatsächlich versucht, Kontakt zu ihm aufzunehmen, damit er mich von der Idee abbringt. Natürlich hat er sie nicht gehört.

»Nein, danke, das schaff ich schon alleine. Ich ruf dich gleich danach an.«

Am Freitag nach der Schule verabschiedet sich Paul mit besorgter Miene von mir. »Wissen deine Schwestern, was du vorhast, oder deine Ma?«

»Nur Chloe gegenüber hab ich es erwähnt, aber nicht, wann genau ich zum Trampolinspringen gehe. Warum?«

»Nur so. Also, melde dich. Und wenn du es dir kurzfristig anders überlegst und ich doch mitkommen soll«, er wedelt mit seinem Handy in der Luft, »dann ruf mich an, ja?«

Warum sagt der nicht einfach, dass deine Schnapsidee dir, ich meine, uns, noch das Genick brechen wird? Außerdem: Was willst du denn anziehen? Doch nicht etwas diese graue Schlabberhose?

Ich habe schon so viel probiert mit Josy. Ignorieren, zurückschlagen, sie beleidigen, ironisch loben oder einfach für kurze Zeit den Lautstärkeregler runterdrehen. Nichts hat geholfen. Die macht sich da in meinem Kopf breit wie ein Geist in seiner Flasche. Wahrscheinlich hat sie sich ein Sofa aufgebaut, um es sich besonders bequem zu machen, wenn sie mit ihren Spitzen um sich wirft. Ich entscheide mich für Ignorieren.

Natürlich greife ich zur grauen Schlabberhose, als ich meine Tasche für den Schnuppertermin packe. Josy stößt einen schrillen Schrei aus.

In den Umkleideräumen werde ich nett empfangen. Acht fröhliche Mädels freuen sich sichtlich auf den bevorstehenden Nachmittag. Ein Mädchen namens Sophie fragt mich, ob ich schon mal Trampolin gesprungen sei.

»Nee, ist das erste Mal. Ich will herausfinden, ob das mein Sport werden könnte.«

Sophie schnattert munter drauflos: »Kann ich mir gut vorstellen! Du siehst sehr sportlich aus. Und es ist einfacher, als man denkt.«

Josy prustet los.

»Mal sehen«, entgegne ich leicht verunsichert.

Sophie führt mich zu einer schlanken, drahtigen Frau, die neben dem Trampolin in der Mitte der Halle steht. In dem Moment vollführt ein Mädchen einen Salto, und die Frau ruft mit durchdringender Stimme: »Prima, Laura! Und gleich probierst du das mal rückwärts!«

Ich schlucke einen dicken Kloß runter. Langsam werde ich nervös.

»Guten Tag, ich bin Jill. Wir hatten telefoniert.«

»Hallo, Jill, willkommen!« Mein Name schallt durch die ganze Halle. Das, was davon übrig bleibt, klingt wie ein höhnisches Lachen. »Ich bin Petra, die Trainerin. Nach Laura kannst du gleich mal rauf auf unser liebes Schwungtuch.« Sie wendet sich wieder dem springenden Mädchen zu – und zuckt zusammen. »Au, Laura, nicht schlimm. Prima abgefangen! Rückwärts ist so eine Sache für sich. Versuch es ruhig noch einmal, und dann ist Jill dran. Die kann es schon gar nicht mehr erwarten!«

Petra haut mir so fest auf den Rücken, dass ich ein Stück nach vorn fliege. Solange sie nicht erwartet, dass ich auch einen Salto mache, ist alles gut. Beim zweiten Versuch hat Laura eine perfekte Rückwärtsdrehung hingelegt. Mir steht der Mund offen vor Staunen.

Petra gibt mir einen kleinen Schubs. »So, Süße, dann mal los.«

Ich versuche mich raufzuhieven. Petra hat Mitleid und hilft mir.

»Lauf zuerst nur hin und her, um das Trampolin kennenzulernen.«

Ha – das ist einfach!

»Nun spring ganz vorsichtig in der Mitte hoch und stoppe auf meinen Zuruf, okay?«

Immer noch einfach.

Ganz genau. Noch.

»Jetzt kannst du kreativ werden, Jill! Denk dir Formen aus, die du abspringst, zum Beispiel im Dreieck, im Quadrat oder über eine Schnur, die du dir vorstellst.«

Schmunzelnd muss ich an die Schmehlenberg denken und wie sie letzte Woche ausgeflippt ist, als so viele die Hausaufgaben vergessen hatten. »Jetzt spring ich aber im Quadrat!«, hatte sie da gebrüllt.

In Wirklichkeit ist es schon etwas schwieriger. Ich hüpfe eine ganze Weile vor mich hin und probiere verschiedene Sprünge aus.

»Du kannst jetzt anfangen, die Formen zu hopsen. Trau dich!«

»Ach so, das hatte ich eigentlich schon die ganze Zeit …«

Petras Stirn legt sich in Falten, und Josy lacht wie eine Hexe.

Also werde ich etwas mutiger. Und dann noch mutiger. Ich fliege! Immer höher! Ich kann noch nicht einmal mehr die blauen Matten erkennen. Die Rufe von außen blende ich aus, denn das Gefühl überwältigt mich. Meine Arme rudern in der Luft und geben mir noch mehr Schwung. Ich habe es doch gewusst! Ich kann es!

Ich kann …

Platsch.

Stille.

»Jill?«

Nach und nach dringen wieder Geräusche an mein Ohr. Meine Nase fühlt sich an, als sei sie verschoben worden. Meine Hände, die neben meinem Kopf liegen, brennen.

»Jill, sag was!« Zum ersten Mal heute klingt Petra sanft.

Ich hebe vorsichtig den Kopf. »Ist meine Nase gebrochen?«

Behutsam tastet Petra meinen Nasenknochen ab. Die anderen Mädels stehen im Halbkreis um uns herum.

»Sieht nicht so aus. Beachtlich, dafür, dass du mit dem Gesicht gebremst hast! Konntest du mich denn gar nicht mehr hören? Du bist wohl dem Rausch der Lüfte verfallen, was?«

Wohl eher dem Rausch des Wahnsinns.

Gib es zu, Josy, du hast dir Sorgen gemacht.

Ja, hab ich. Und zwar um mich.

Langsam versuche ich aufzustehen. Petra hilft mir.

»Wie sieht es mit deinen Armen und Beinen aus? Und tut sonst irgendwas weh? Ist dir übel?«

»Wie man sich halt so fühlt, wenn man gerade auf dem Hallenboden aufgeschlagen ist. Schlecht ist mir auch ein bisschen.«

»Du bist so weit gesprungen, dass du sogar die Sicherungsmatten verfehlt hast, die Stürze eigentlich abfangen sollen. Du musst dich auf jeden Fall im Krankenhaus durchchecken lassen. Soll ich einen Krankenwagen rufen, oder kann dich jemand abholen kommen?«

»Ich rufe meine Mutter an.«

Na toll. Auf wackeligen Beinen schleppe ich mich zu den Bänken, wo meine Tasche liegt. Paul hat mir schon eine SMS geschickt: »Hey, Jill, wie läuft es denn so? Muss die ganze Zeit an dich denken. Vergiss nicht: einen Schritt nach dem anderen! Übertreib es nicht! Bis später, Paul.«

Ob er das, was passiert ist, wohl als Übertreibung bezeichnen würde?

Wir beide kennen die Antwort.

Ich wähle Mamas Nummer. Hoffentlich sitzt sie an ihrem Schreibtisch in der Kanzlei und hat keinen Termin.

»Wagner?«

»Hallo, Mama. Du, ähm, könntest du mich abholen und mal eben schnell ins Krankenhaus fahren?«

»Krankenhaus?«, schreit meine Mutter durchdringend. »Was ist passiert?«

»Also, ich war beim Trampolinturnen im Verein und bin irgendwie blöd aufgekommen.«

»Trampolinturnen? Blöd aufgekommen?« Mama ist völlig atemlos.

»Also, auf dem Hallenboden, um genau zu sein. Und jetzt ist mir ein bisschen übel. Wahrscheinlich, weil ich auf den Bauch geklatscht bin. Petra, die Trainerin, will, dass ich zur Untersuchung ins Krankenhaus fahre.«

»Jill, hör zu. Bleib genau da, wo du bist. Ich bin bei dir, so schnell ich kann. Beweg dich nicht, verstanden?«

»Jep. Bis gleich, Mama.«

Da ich nicht ganz sicher bin, wie sie es gemeint hat, bleibe ich auf der Bank sitzen und beobachte die anderen beim Trampolinspringen. Gerade ist Sophie dran. Sie springt kontrolliert und kerzengerade immer höher. Petra kommt zu mir.

»Und? Wirst du abgeholt?«

»Ja. Meine Mutter kommt so schnell wie möglich.«

»Gut. Ich bin hier, wenn du was brauchst, dir schwindelig wird oder so, ja?«

»Ist gut.«

Die Mädchen springen Salti, sogar in Zweier-Formationen, als hätten sie nie etwas anderes gemacht. Hatte ich ernsthaft geglaubt, dass ich das besser könnte? Mist. Josy und Paul lagen mal wieder richtig. Werde ich jemals etwas finden, das ich wirklich gut kann? Ich zücke mein Handy und wähle Pauls Nummer.

»Hi, Paul. Okay, du hattest recht. Ich sollte die Hände, oder besser meinen ganzen Körper, vom Sport lassen. Und es stimmt, was mein Opa immer gesagt hat: Ich habe zwei linke Füße. Und außerdem vielleicht noch eine Gehirnerschütterung!«

»Wie bitte? Was ist passiert?«, ruft Paul alarmiert. Ich erkläre ihm, dass ich ein bisschen zu hoch gesprungen bin. »Ich hätte dich warnen sollen. Ich hatte gleich ein ungutes Gefühl. Schreib mir, wenn du im Krankenhaus bist. Und wenn du kein Handy benutzen darfst, dann simse mir heimlich unter der Decke. Tut mir leid, Jill. Hoffentlich ist mit deinem Kopf alles gut!«

»Ich halte dich auf dem Laufenden. Bis dann.«

In diesem Moment fliegt die Tür zur Turnhalle auf, und meine Mutter stürmt herein. Ihr Gesicht ist puterrot. Sie läuft so schnell zu mir, dass ihr Sommermantel hinter ihr herfliegt.

»Jill.« Mama beugt sich zu mir runter und umarmt mich behutsam. »Was machst du denn für Sachen?« Sie streichelt über meine angeschwollene Wange.

Nachdem sie kurz mit Petra geredet hat, hilft sie mir hoch und stützt mich auf dem Weg zum Auto.

»He, ich bin doch keine Schwerverletzte!«, protestiere ich.

So tut Mama aber. Im Auto wiederholt sie alles dreimal, als hätte mein Kopf so gelitten, dass ich nichts mehr kapieren würde.

Kurz bevor wir das Krankenhaus betreten, sieht sie mich sorgenvoll an. »Sobald es dir besser geht, musst du mir erzählen, warum du ausgerechnet Trampolinspringen wolltest. Ich hoffe, du kommst mir nicht demnächst mit Fallschirmspringen oder so etwas.«

»Hm, da bringst du mich auf eine Idee!«

Josy ächzt. Ich genieße den Moment.

»Jill?«

»War nur ein Scherz.«

Wenn du doch lieber in die Drogerie gegangen wärst, statt im Zickzack zu hüpfen, wäre das alles nicht passiert. Warum hörst du nie auf mich?

Weil du abnervst, Josy. Lass mich in Ruhe, wenigstens jetzt.

05

DIE GANZE NACHT ÜBER hat man mich gequält. Immer wieder haben mich die Schwestern geweckt und mir in die Augen geleuchtet. Josy hat laut geflucht, weil sie endlich schlafen wollte. Nicht dass sie auf mich Rücksicht nehmen würde, wenn ich mal meine Ruhe haben will.

Wenigstens darf ich mittags nach Hause, denn es ist alles in Ordnung mit mir. Nicht nur Mama, sondern auch Leonie und Chloe holen mich aus dem Krankenhaus ab. Ich bin sehr überrascht.

»Habt ihr nichts anderes vor? Handball spielen oder für einen Auftrag nähen oder so?«

Chloe streicht mir über die Wange. »Ich hab mein Training heute abgesagt.«

Leonie wuschelt mir durchs Haar. »Und ich kann doch auch noch heute Abend meine Aufträge abarbeiten. Jetzt wollen wir erst mal hören, was gestern los war!«

Ob Mama die beiden auf mich angesetzt hat?

Zu Hause gibt es mein Lieblingsessen. Makkaroni mit Tomatensoße, Kräutern und Käse. Ich berichte Mama und meinen Schwestern von meinem Trampolin-Erlebnis und deute an, dass ich in nächster Zeit noch ein paar andere neue Dinge ausprobieren möchte. Was genau es damit auf sich hat, verrate ich allerdings nicht.

Chloe leert ihren Teller in Rekordgeschwindigkeit (niemand sonst isst so schnell und viel wie sie und ist dabei so dünn), lehnt sich zurück und seufzt. »Mensch, Jill, da hätte dein hübsches Köpfchen aber einen heftigen Schlag bekommen können.«

»Hübsch?«, frage ich erstaunt.

»Ja, klar! Du hast doch bestimmt haufenweise Verehrer in deiner Klasse, oder?«

Da muss erst so etwas passieren, damit ich erfahre, dass meine große Schwester mich hübsch findet. Da mein Gesicht heiß wird, bin ich bestimmt auch rot geworden.

Hübsch ist das eine, aber was man noch daraus machen könnte, ist das andere! Braune Augen, nun ja, aber mit ein bisschen Wimperntusche und Lidschatten wäre es einfach ...

»Du kannst es nicht lassen, oder?«

Das kam mal wieder lauter raus als geplant.

»Mensch, Jill, ich hab das völlig ernst gemeint!«

»Ich weiß, Chloe, sorry. Hab nur laut gedacht und meinte gar nicht dich. Danke. Und nee – ich hab keinen Verehrer. Das ist auch gut so.«

»Allerdings! Ich meine, das hat doch noch Zeit!«, wirft meine Mutter ein.

So, wie du dich anziehst, Jill, wird sich deine Mutter keine Sorgen machen müssen. Da wird das sowieso nichts.

Leonie steht auf. »Ich hol jetzt den Nachtisch. Wir sind jedenfalls froh, dass dir nichts passiert ist. Wenn du noch mal solche Ideen hast wie, weiß nicht, zum Mond fliegen oder einen Marathon laufen, dann sag bitte vorher Bescheid, okay?« Sie grinst mich an, und ich kann ihr gar nicht böse sein. Im Gegenteil. Ich genieße den Tag mit Chloe, Leonie und Mama in vollen Zügen. Später leihen wir uns noch die DVD *In den Schuhen meiner Schwester* aus, essen Chips und machen es uns auf unserem lila Sofa im Wohnzimmer bequem. Eigentlich wäre es schön, wenn wir öfter mal was zusammen machen würden. Doch normalerweise haben die anderen zu viel zu tun, um einfach nur zu chillen. Und vielleicht geht's mir bald genauso?

Meine Idee, Saxofon zu lernen und mich in der Schule bei der Improvisationstheater-AG anzumelden, stößt bei meiner Familie auf Zuspruch. Wahrscheinlich, weil das eher wenig Verletzungsgefahr birgt.

Am Montag steht Paul strahlend vor dem Schultor und winkt mir schon von Weitem zu. Kein Blick auf seine Uhr dieses Mal, obwohl ich wieder ein bisschen zu spät bin.

»Mensch, Jill, ich freu mich! Guten Morgen!«

»Worüber freust du dich denn so?«

»Na, weil du wieder da bist und weil, na ja, nun erst mal keine krassen Aktionen mehr auf deiner Liste stehen.« Leise fügt er hinzu: »Dich so zu sehen ist schon hart genug. Mann, die blauen Flecken werden jetzt grün, oder?«

Und du hast gedacht, dass du mit Make-up umgehen kannst! Hab doch gesehen, wie du dir das von Leonie geschnappt hast, weil du dachtest, du könntest dein peinliches Missgeschick einfach so wegschminken.

Wenn ich könnte, würde ich mit dem Make-up noch ganz andere Dinge tun. Es dir zum Beispiel in den Rachen stopfen, damit du endlich Ruhe gibst!

Ich knuffe Paul in die Seite. »Da kannst du dir ja mit meiner Mutter, Josy und meinen Schwestern die Hand reichen. Die sind auch sehr erleichtert, dass ich zur Vernunft gekommen bin. Als ob ein paar blaue Flecken der Weltuntergang wären!«

Lachend rennen wir ins Klassenzimmer und prallen gegen eine Mauer aus Wut. Die Schmehlenberg ist mal wieder in Bestform. Etwa ein Drittel der Klasse ist noch nicht aufgetaucht.

»Was fällt euch eigentlich ein?«, kreischt sie. »Ich springe gleich im Quadrat!«

Unweigerlich zucke ich zusammen und spüre wieder ein Puckern im Gesicht.

Es wird nicht besser, als Amy in der Pause auf Paul und mich zukommt.

Oh, wunderbar. Siehst du, Jill? Amy hat es verstanden. Guck dir deine Freundin doch mal genau an. Von der kannst du noch was lernen! Wollt ihr euch nicht mal verabreden? Sie könnte dir ein bisschen Fashion-Nachhilfe geben.

Erstens ist sie nicht meine Freundin, und zweitens … Ach, vergiss es.

Amy baut sich mit einem fetten, fiesen Grinsen vor uns auf und betrachtet mich von oben bis unten. Sofort verschränkt Paul die Arme und wird neben mir noch ein Stückchen größer als sowieso schon.

»Na, Jill? Schönes Wochenende gehabt?«

»Was willst du?«

»Ich wollte mich einfach erkundigen, wie es dir geht. Schließlich fliegt man nicht alle Tage durch die Luft und landet platt auf dem Hallenboden.«

Verdammt. Wie hat sie das rausgefunden?

Paul atmet tief durch.

»Wie du siehst, bin ich unversehrt. Mich kriegt so schnell nichts klein. Und bei dir? Alles gut, Amy?«

Sie lässt sich ihr Erstaunen nur einen Moment lang anmerken, indem sie eine Augenbraue hochzieht. Ich bin mir sicher, dass sie mit einer anderen Reaktion gerechnet hätte. Doch dank Josy kann mich so leicht nichts mehr aus der Fassung bringen. Amy blickt sich suchend um. Hätte ich mir denken können. Da stehen Melanie, Stacey und Marie, die wir nur die *Its* nennen, weil es wie eine dämliche Spezies klingt. Sie würden wohl zu gern sehen, wie Amy mich fertigmacht. Paul winkt den It-Grazien übertrieben freundlich zu. Blitzartig drehen sie sich weg. Amy hat ihre Rückendeckung verloren.

Ich trete einen Schritt näher an Paul heran. »Gibt es noch was, Amy?«

Sie hüpft von einem Fuß auf den anderen und wendet sich dann schlagartig um. Im Eilschritt kehrt sie zurück zu ihren Freundinnen.

»Der sind wohl die Worte ausgegangen«, sagt Paul lachend.

»Irgendwie tut sie mir leid. Wenn sie nichts anderes zu tun hat, als fies zu anderen zu sein, kann sie eigentlich nicht besonders glücklich sein. Die Zicken, mit denen sie da abhängt, interessieren sich doch gar nicht richtig für sie.«

»Ach, Jill. Du bist einfach zu gut.«

Amy dreht sich noch einmal zu uns um. Sofort legt Paul seinen Kopf auf meine Schulter. »So, nun ist sie noch verwirrter.«

Ich spüre, wie Paul sich mit seinem ganzen Gewicht auf mich lehnt. »Paul? Paul! Es hat geklingelt! Wir müssen wieder rein!«

»Oh, ja klar.« Er springt zur Seite, und wir schließen uns dem Schülerstrom an, der vom Pausenhof ins Schulgebäude drängt.

Als ich nach Hause komme, halte ich als Erstes nach dem Telefon Ausschau. Was für ein Glück! Es liegt direkt auf der Ladestation. Chloe ist nicht da, Mama sowieso nicht, und aus Leonies Zimmer dringt das vertraute Rattergeräusch ihrer Nähmaschine. Außerdem hat Leonie mir eine neue Aufladekarte für mein Handy, einen uralten Knochen, an dem ich irgendwie hänge, geschenkt. »Für Notfälle«, hat sie gesagt. Damit will sie sichergehen, dass ich nicht hereinplatze, wenn sie gerade ein stundenlanges Gespräch mit ihrem Schwarm führt. Offiziell hat sie uns noch nicht von ihm erzählt. Aber wenn ich an ihrem Zimmer vorbeigehe und ihre perwollweiche Stimme höre, dann weiß ich, dass nur ein Typ am Telefon sein kann.

Auf dem Zettel in meiner Hand steht die Nummer der Musikschule. Drei Wochen lang kann man die verschiedensten Kurse ausprobieren, ohne sich anmelden zu müssen.

»Musikschule Joia della Musica, hallo?«, haucht eine Frau in den Hörer.

»Ja, Guten Tag, hier ist Jill Wagner. Ich habe von Ihren Schnupperwochen erfahren und möchte gern Saxofon spielen lernen.«

»Also, spielen lernen, das dauert sehr lange. Reinschnuppern, nicht wahr?«

Ist das die Schwester von der Schmehlenberg, oder was? Die weiß auch immer alles besser.

»Ja. Wann kann ich denn mal ›reinschnuppern‹?«

»Du könntest morgen zwischen 16.30 Uhr und 17 Uhr kommen. Passt dir das?«

»Ja, ist gut.«

»Wie war dein Name noch mal?«

»Jill. Jill Wagner.«

Ein spitzes Lachen dringt durch den Hörer, sodass ich ihn von meinem Ohr weghalten muss, damit mein Trommelfell nicht platzt.

»Wagner. Wunderbar. Du wirst nicht glauben, wie unser Saxofonlehrer heißt: Signore Puccini! Er kommt aus der Toskana. Vielleicht komponiert ihr ja was zusammen.« Wieder dieses entrückte Lachen.

»Hä? Wie meinen Sie das?«

»Nun ja, Puccini. Der war doch auch ein berühmter Komponist!«

»Aha, gut. Also, bis morgen.« Mich beschleicht der Eindruck, dass Musikheinis allgemein nicht ganz richtig sind. Aber wie sagt Mama immer so schön: Vorurteile sind dazu da, um sie zu widerlegen. Ich lasse mich überraschen.

06

ICH STEHE VOR einem windschiefen Haus mit bunten Fensterläden. Wäre nicht ein Schild mit *Musikschule Joia della Musica* an der Tür, hätte ich geglaubt, ich sei bei Alice im Wunderland gelandet.

Da ich fast zehn Minuten zu früh bin, will ich noch nicht klingeln. Um mir die Zeit zu vertreiben, beuge ich mich über das Klingelbrett und studiere die Namen. In dem Moment reißt jemand die Haustür auf.

»Bisse due Jill?«

Ein Mann mit langen braunen Haaren und sympathischen Lachgrübchen steht vor mir.

»Ja, bin ich. Und Sie sind bestimmt Signore Puccini.«

»Genau! Wir konnen schon beginnen. Komme rein.«

Im engen Flur befindet sich eine Garderobe, die so mit Jacken vollgehängt ist, dass wir uns daran vorbeiquetschen müssen. Ich frage mich, ob die seit dem letzten Winter hier ihr Dasein fristen. Es riecht nach Staub und Metall, als wäre ich geradewegs in ein Instrumentenlager gestolpert.

»Zweie Treppe, und schon sind wir da.«

Signore Puccini schwingt sich vor mir die Treppen hoch, und sein wallendes Haar fliegt durch die Luft.

Es gibt wirklich noch immer Menschen mit solchen, na ja, nennen wir es mal Frisuren. Unmöglich.

Dass er nett wirkt, ist dir natürlich nicht aufgefallen. Typisch!

Der Raum ist klein, aber gemütlich. An der Wand hängen Blasinstrumente, die jemand bunt angesprüht hat. Vor dem Fenster steht ein gelbes Sofa.

»So, Jill.« Mein Saxofonlehrer strahlt wie die Sonne Italiens. »Du willst also lernen das Saxofon?« Er schraubt ein neues Holzblättchen an das Mundstück und betrachtet das Instrument wie einen lieben Freund.

»Ja, ich möchte es mal ausprobieren.«

»Gut! Kannst du lesen, ich meine, Noten?«

Ich senke meinen Kopf.

»Ha!« Er springt ein Stückchen in die Luft. »Warum diese Scham? Musik musse du horen und fuhlen, das isse viel wichtiger als diese Noten.«

Ich gucke Signore Puccini in die Augen. Sie leuchten voller Begeisterung.

»Also. Erste mal nimmst due Kontakt auf zu ihm.«

»Zu ihm?«

»Sì, darf ich vorstelle? Das isse Giulio, Altsaxofon,

wohnt hier in Musikschule und freut sich auf Schuler.« Er drückt mir das Saxofon in die Hand, das schwerer ist als gedacht. Ich betrachte Giulio von allen Seiten.

»Wenn du ihn spielen willst wie ein Profi, du musse benutzen deine Atemkraft. Geht so!«

Er wölbt seinen Bauch und formt seinen Mund wie einen Schnabel. »Aaahhhh. Hörst du? Ganze Luftstrom kommt aus diese Bauch, nennt man Stutze, und wichtig isse auch, wie du formst Hals und Zunge. Versuche auch mal auf Aaahhhh, erste mal nur mit Stimme.«

Jeder sterbende Schwan würde das besser hinbekommen, doch Signore Puccini verzweifelt nicht. Im Gegenteil: Er schäumt geradezu über vor Begeisterung. Josy hingegen schäumt vor Wut. Ohne Unterbrechung murmelt sie Gemeinheiten vor sich hin.

»Sì, gar nichte schlecht. Nun nimmste du Guilio und schickste due Luft rein. Freuen wir uns, wenn Ton kommt!« Wieder hüpft er ein Stück hoch.

Ja, da würden wir uns freuen, doch was herauskommt, ist ein Ton, der eigentlich gar keiner ist. Ich bleibe also voll und ganz im Thema des sterbenden Schwans.

Was hattest du denn gedacht? Dass dieser italienische Figaro dort zaubern kann?

»Jill, wieder und wieder probieren. Und nicht beißen die Guilio, dasse mag er nicht! Wenn du eines Tages Profi sein willst, dann musse ube, ube, ube.«

Ich senke das Saxofon.

»Wie lange braucht man denn, um gut zu spielen? Ich meine, zum Beispiel in einer Band oder so.«

»Da musse eine bissche dranbleiben. So ungefahr sechse bis siebe Jahre und ube jede Tag halbe Stunde.«

Fast fällt mir Guilio aus der Hand. Bestimmt habe ich mich verhört. »Sechs bis sieben Jahre?«

»Genau. Aber diese Weg ist auch Ziel. Machte Spaß!«

Mir ist der Spaß vergangen. In sieben Jahren bin ich zwanzig. Und dann ist sowieso alles zu spät.

Inzwischen bin ich schon über eine Viertelstunde hier, und ich habe noch nicht mal einen Ton rausbekommen.

»Ube kannst du immer, wie du stehst, Haltung also. Achtest du darauf, dass gerade, aber ohne Krampfe, so!« Signore Puccini schnappt sich ein anderes Saxofon aus seinem Koffer. »Hor gut zu, auf Ton von Carlotta.«

Auf einmal ist der Raum von wunderschönen Klängen erfüllt, die einfach gute Laune machen. Mein Saxofonlehrer schafft es, mitten im Raum die Sonne scheinen zu lassen, obwohl es heute eigentlich grau und regnerisch ist. Mir wird klar, dass ich nie ein Saxofon-Star sein werde. Weder habe ich die Begeisterungsfähigkeit noch die Geduld. Schon gar nicht die Geduld.

Als Signore Puccini aufhört zu spielen, ist unsere Zeit vorbei.

»Oh, Jill, scusa, passierte immer, wenn ich spiele. Verliere ich Zeit, weil ich bin nur in meine Gefuhl.«

»Ich hab aber sehr gern zugehört!«

Wieder strahlt dieser Inbegriff italienischer Lebensfreude so sehr, dass ich gar nicht anders kann, als mitzulachen.

»Wanne? Wanne nachste Stunde?«

»Also, ähem, das ist so. Ich wollte nur einmal schnuppern, und das habe ich jetzt getan. Ich glaube nicht, dass das Saxofon mein Instrument wird.«

Signore Puccini lässt die Schultern hängen. »No? Bisse due sicher? Nachste Mal wollte ich dir zeigen, wie Spaß macht Koordination und Motorik.«

Na, dann wird es erst recht Zeit, den Absprung zu finden. Spätestens an der Stelle wäre ich sowieso gescheitert.

»Das ist sehr lieb, trotzdem.«

»Nessun problema! Wenn du dir anders uberlegst, rufe mich an, d'accordo?«

»Ja, mach ich. Und vielen Dank, das war sehr interessant.« Bevor ich den Raum verlasse, drehe ich mich noch einmal um. »Ciao, Guilio!« Ich winke dem Saxofon zu.

Signore Puccini freut sich wie ein Schneekönig

darüber. Er begleitet mich noch nach unten. »Ciao, Jill! Vielleichte wir sehen uns doch wieder. Arrivederci!«

Vor der Tür renne ich in eine Frau. »Verzeihung!«, stammele ich, höre Signore Puccini seine Schülerin noch mit »Buongiorno, bella!« begrüßen und mache mich davon, so schnell ich kann.

Mama hat heute früher als sonst Feierabend und kann es gar nicht erwarten, von meiner Saxofonstunde zu erfahren. Wir sitzen auf unserem Sofa.

»Wie soll ich sagen, doch, ist schon ein cooles Instrument.«

Sie rückt näher an mich heran. »Wenn du das lernen willst, unterstütze ich dich natürlich, ist doch klar! Ich lege ein Musikkonto für dich an!«

»Das ist klasse, aber die Sache ist die – ich will es nicht weiter vertiefen. Irgendwie ist das nichts für mich.«

»Weißt du das nach nur einer Stunde?«

Das hättest du sogar schon vorher wissen können.

»Ja. Ganz sicher. Aber wenn ich etwas anderes finde, dann könnten wir vielleicht *dafür* ein Konto anlegen?«

»Solange es nichts mit gefährlichen Sportarten zu tun hat, gern.« Mama grinst. »Jeder sollte etwas haben, wofür er so richtig brennt. Aber das eilt nicht. Irgendwann im Leben begegnet einem etwas. Ich habe ja auch erst nach meiner Ausbildung zur Medienberaterin gemerkt, dass ich eigentlich Recht, Gesetz und Paragrafen liebe und vor allem die Menschen, denen ich mit meinem Wissen helfen kann.« Mama legt ihren Arm um mich, und ihre Stimme wird weich. »Übrigens, Papa hat angerufen. Hast du Lust, ihn am Wochenende zu besuchen? Chloe hat Punktspiele, und Leonie scheint ein Date zu haben.« Mama seufzt.

Ich auch. Denn da meine Schwestern mal wieder Wichtigeres vorhaben, bleibe nur ich übrig. Auf der anderen Seite möchte ich gern Zeit mit Papa verbringen. Auch wenn man in seiner neuen Familie nie richtig zur Ruhe kommt, weil es irgendwie immer laut und turbulent ist.

»Ja, warum nicht. Ich rufe ihn nachher mal an.«

»Ist gut. Und ich mach jetzt Essen. Ich habe heute richtig Lust zu kochen.«

Meine Mutter ist eine wunderbare Köchin. Nur leider kommen wir selten in den Genuss ihrer Kochkunst, da sie meistens lange arbeitet.

Bevor ich mich an die Hausaufgaben setze, rufe ich noch Paul an.

»Hey, Paul.«

»Hi, Jill! Wie lief es mit dem Saxofonspielen?«

»Na ja, es gibt eine gute und eine schlechte Nachricht. Die schlechte: Aus dem Saxofon und mir wird kein Traumpaar. Darum kann ich dir leider bei Jazzkonzerten keinen Platz in der ersten Reihe reservieren. Die gute Nachricht: Meine Mutter will ein Konto anlegen und mich unterstützen, wenn ich etwas finde, was zu mir passt.«

»Das ist doch super! Es gibt noch so viele andere Möglichkeiten.«

Ich bewundere Paul. Er findet wirklich immer etwas Gutes, egal wobei. Irgendwann nach meinem Trampolinsturz sagte er, dass aber bestimmt der Moment, in dem ich in der Luft geschwebt habe, ganz einmalig war.

»Danke. Du hast recht. Und immerhin sind mir die Ideen noch nicht ausgegangen. Vielleicht ist mein Superstar-Türchen schon offen, und ich sehe es einfach noch nicht.«

»Mein Reden. Wollen wir eigentlich am Wochenende ins Kino gehen? Klaas und Jan würden auch mitkommen.«

»Nee, geht nicht. Ich bin bei Papa.«

»Och, schade.«

Eine ungewohnt lange Pause tritt ein.

»Jetzt aber ran an die Hausaufgaben«, unterbreche ich die Stille.

»Bis morgen, Jill!«

»Ciao.« Ich versuche, so italienisch wie nur möglich zu klingen, und winke dabei innerlich Signore Puccini zu.

Ich werde etwas finden, das genau mein Ding ist. Ich muss einfach weitersuchen. Und wenn ich es gefunden habe, werden meine Augen dabei auch so leuchten wie die von Signore Puccini beim Spielen seiner blechernen Freundin.

07

PAPA IST WIE IMMER zu spät. Dieses Mal sogar eine halbe Stunde. Ich hatte aber sowieso nicht damit gerechnet, dass er pünktlich kommt – ich kenne ihn schließlich schon etwas länger. Sobald er das Haus betritt, entsteht eine fürchterliche Unruhe. Papa bewegt sich allein beim Sprechen so hektisch, dass man immer automatisch einen Schritt auf Abstand geht. Manchmal fegt er sogar aus Versehen etwas vom Regal, weil er so wild mit den Armen herumfuchtelt. Meine Ungeschicklichkeit muss ich von ihm geerbt haben. An seinem Bein hängt David, der Sohn seiner neuen Frau. Nur selten weicht er meinem Vater von der Seite. Er ist zwar schon sechs, benimmt sich aber immer noch wie ein Baby.

Nachdem Papa und ich uns umarmt haben, beugt Mama sich zuerst zu David hinunter. »Hallo, kleiner Mann. Möchtest du etwas trinken?« Doch David versteckt sich hinter Papa. »Hallo, Manuel. Willst du einen Kaffee, bevor ihr wieder fahrt?«

»Nein danke, Sibylle wartet im Auto. Eigentlich wollen wir gleich weiter.«

»Na dann.« Mama dreht sich zu mir und haucht mir einen Kuss auf die Wange. »Viel Spaß, meine Süße!«

»Danke. Schönes Wochenende!«

Ich bin froh, dass Mama und Papa sich immer noch gut verstehen. Und Sibylle ist auch in Ordnung. Sie freut sich jedes Mal, wenn ich sie besuche. Leonie kommt nicht so gut mit ihr klar, aber sie ist eh nicht oft bei Papa.

Als ich ins Auto steige, winkt mir Rafael, Davids älterer Bruder, sofort zu. Sibylle und er flöten mir ein »Hallo, Jill!« entgegen.

Wir fahren eine Dreiviertelstunde, bis wir an dem großen Haus angekommen sind, in dem Sibylle vorher mal mit einem anderen Mann, dem Vater ihrer Kinder, gelebt hat.

Ich bringe meine Tasche ins Gästezimmer. Durch das Fenster höre ich Papas Stiefsöhne lachen. Die Jungs sind sofort in den großen Garten gestürmt, um sich auf den Piratenturm zu stürzen, den er ihnen gebaut hat. Komisch. Es scheint so weit weg, dass Papa mal bei uns gewohnt und mit uns Mädels im Garten gespielt hat. Fast schon unwirklich. Na ja, als Mama und er sich getrennt haben, war ich erst sieben.

Ich treffe Papa auf der Terrasse.

»Wollen wir heute grillen?« Er strahlt voller Vorfreude.

»Warum nicht?«

»Wie wäre es, wenn wir, also nur du und ich, zusammen einkaufen gehen? Dann entführe ich dich danach ins Eiscafé, und wir können mal in Ruhe quatschen.« Er deutet mit dem Kopf auf seine lärmenden Söhne und lächelt schelmisch.

»Super Idee.« Ich bin wirklich dankbar. Obwohl ich gern hier bin und sogar mein eigenes Zimmer habe, fühle ich mich immer etwas fehl am Platz, vor allem, wenn meine Schwestern nicht dabei sind.

Im Supermarkt kaufen Papa und ich lauter Sachen, die wir sonst nie im Einkaufswagen haben. Besonders leckere Schokolade mit Mousse au Chocolat, ein teures Limonen-Duschgel für mich und Marshmallows, die wir später über dem Grill rösten wollen. Während Papa bezahlt, schlendere ich zum Schwarzen Brett. Ein Flyer sticht mir sofort ins Auge.

Neues TV-Format

SUPERVOICE

sucht Gesangstalente.

Offenes Casting am 15. August ab

10 Uhr in der Weitland-Stadthalle.

Immerhin fand Lara vom Chor meine Stimme ganz passabel. Was, wenn man mich dort entdecken würde? Dann wäre ich viel schneller berühmt, als wenn ich zig Jahre jeden Tag üben würde! Probieren könnte ich es doch mal.

Jill? Jihiill! Jemand zu Hause? Das ist jetzt nicht dein Ernst, oder? Das tust du mir nicht an! Noch nicht einmal, wenn du noch so perfekt geschminkt wärst, würde ich dich zu diesem Casting begleiten.

Ich lache gehässig. »Bleibt dir wohl nichts anderes übrig, meine Liebe!«

»Führst du Selbstgespräche?« Plötzlich steht Papa neben mir. »Was gibt es denn hier so Interessantes?« Er lässt seinen Blick schmunzelnd über das Schwarze Brett kreisen. »Casting, neues TV-Format. Ist es das?« War wohl nicht schwer herauszufinden, neben den Anzeigen »Katze entlaufen« und »Babybett zu verschenken«.

Im Eiscafé versucht Papa, mich auszuquetschen. »Willst du da echt hin? Oft sind die bei diesen Shows doch ganz schön gemein zu den jungen Leuten, die sich große Hoffnungen machen.«

»Und du meinst, ich muss mir gar nicht erst Hoffnungen machen?«

»Nein, ich weiß nur nicht, ob das der richtige Weg für dich ist. Bisher war mir auch gar nicht bekannt, dass du gern singst.«

»Du weißt so einiges nicht, Papa.«

Seine Mundwinkel fallen schlagartig nach unten.

Das war gemein von mir, aber es stimmt auch. Dabei mache ich ihm keinen Vorwurf, obwohl es sich jetzt so anhört.

Dein Vater meint es doch nur gut. So wie ich.

Ich seufze tief und knuffe Papa in die Wange. Das ist unser Insider. Tante Lori hat das früher immer gemacht, und nicht nur bei uns Kindern. Papa und ich haben uns dann immer genervt zugeblinzelt.

»War nicht so gemeint. Ich überlege mir noch, ob ich da hinwill. Eigentlich habe ich doch nichts zu verlieren. Und wenn ich eines Tages ein Superstar bin, kannst du stolz auf mich sein. Wir können uns doch nachher mal die Website ansehen.«

Papa tropft ein bisschen Schokoladeneis auf sein hellblaues Poloshirt, doch er wischt es nicht weg. Durchdringend sieht er mich an. »Jill, damit ich stolz auf dich bin, musst du weder zum Casting gehen noch ein Superstar sein. Ich bin bereits sehr stolz auf dich. Aber das Wichtigste ist, dass du glücklich bist. Ich wollte dir da nicht reinreden.«

Plötzlich sieht Papa sehr, sehr traurig aus. Mann, das wollte ich nicht. Also versuche ich, ihn abzulenken.

»Ich freue mich schon auf die Marshmallows!«

»Sibylle wollte auch Stockbrot vorbereiten. Das wird bestimmt ein Spaß.« Zum Glück lächelt Papa wieder.

Es wird wirklich ein herrlicher Abend. Die Augen der Jungs leuchten allein schon deshalb die ganze Zeit, weil sie lange aufbleiben dürfen. Manchmal können sie richtig süß sein.

Im Gegensatz zu gestern meint das Wetter es heute gut mit uns. Nach zehn sitzen wir noch in T-Shirts im Garten, stopfen uns bis obenhin mit zuckersüßem Schaumgummi voll und genießen den grandiosen Sternenhimmel. Sibylle erzählt wieder von einer ihrer Reisen. Bevor sie Kinder bekam, war sie Reiseleiterin, hat die ganze Welt gesehen und zu jedem Land mindestens eine Geschichte auf Lager. Ich frage mich, wie sehr sie all die Abenteuer vermisst.

Später im Gästebett mit Kuhle in der Matratze kann ich nicht einschlafen. David und Rafael schlafen auch noch nicht. Ich höre, wie sie sich lautstark streiten. Mir geht das Casting nicht aus dem Kopf. Es ist zwar schon spät, aber Paul ist bestimmt noch wach. Ich wähle seine Handynummer.

»Hey, wie war es im Kino?«

»Super Film! Aber du hast gefehlt, Jill.«

Pauls Laune scheint nicht so gut zu sein.

»Ich hab dafür gegrillt und viel zu viel gegessen. Du, Paul, ich war heute Nachmittag mit Papa im Supermarkt, und da habe ich am Schwarzen Brett einen Aufruf für ein Casting von einer neuen TV-Show gesehen. Die suchen Gesangstalente. Meinst du, ich könnte da hingehen? Ich meine, ohne mich zu blamieren?«

»Na klar! Wir könnten doch gemeinsam üben!« Er ist plötzlich Feuer und Flamme. »Ich begleite dich auf der Gitarre, während du die coolen Songs schmetterst.«

Schmettern ist wohl der richtige Ausdruck. Vielleicht muss ich dann auch mal was schmettern – allerdings gegen die Wand, um mich abzureagieren.

»Na, wir werden sehen. Wir können ja immer noch entscheiden, ob ich wirklich teilnehme oder nicht. Jetzt gehe ich erst mal schlafen. Meine Stiefbrüder sind endlich ruhig.«

»Ist gut. Träum was Schönes.«

Es entsteht eine komische Pause.

»Okay, werd' ich versuchen. Gute Nacht!«

»Du, Jill?«

»Ja?«

Stille.

»Ach, schon gut. Schlaf schön.«

Von wegen einschlafen. Hinter meinen geschlossenen Augen tanzen die Gedanken Polka. Das Casting und eine begeisterte Jury. Papas trauriger Blick. Und natürlich Paul. Was ist eigentlich los mit ihm?

08

ICH SPRINGE AUF die Bühne, die Gitarre hängt lässig um meinen Hals. Meine braunen Locken fliegen hin und her, während ich den Kopf zu einem wilden Gitarrensolo kreisen lasse. Ein Aufschrei geht durch die Menge. Jihill, Jihill, Jihill, untermalt von rhythmischem Klatschen. Die Massen jubeln mir zu. Die Scheinwerfer wechseln von Grün auf Blau. Ein Riesenspot ist direkt auf mich gerichtet. Plötzlich landet ein kleiner brauner Teddybär auf der Bühne. An ihm klebt ein Brief, vielleicht ein Liebesbrief? Endlich habe ich es geschafft. Ich bin berühmt!

Jill, wach auf! So langsam wird es mehr als peinlich. Laufen eigentlich nur noch Fantasy-Filme in deinem Kopfkino? Das kann man ja nicht ertragen!

Kopfkino? Josy? Verdammt. Ich steh nicht auf der Bühne. Ich hab keine braunen Locken. Ich hab nur geträumt.

Vorsichtig öffne ich die Augen und sehe einen tibetanischen Tempel vor mir. Ach ja, ich bin bei Papa im Gästezimmer, in dem unzählige Fotos von Sibylles Reisen hängen. In dem Moment stürmt Rafael herein, ohne zu klopfen. Er hüpft auf meinem Bett herum, obwohl ich noch gar nicht aufgestanden bin. Ich bin alles andere als ein Rockstar. Na toll.

Papa erscheint in der Tür. »Guten Morgen, Jill. Frühstück ist fertig. Hast du schon Hunger?«

»Ja, ich komme gleich. Danke.«

Netterweise nimmt Papa Rafael mit. Der hat mir einfach zu viel Energie. Ich brauche am Morgen immer lange, bis ich in Schwung komme.

Nach einer ausgiebigen Dusche lächeln mir unten am Tisch vier Frühaufsteher entgegen. Die Sonne strahlt in den Wintergarten, und die Brötchen duften. Papa eröffnet mir, dass Mama mich schon am späten Vormittag abholen will. »Irgendwie klang es so, als hätte sie eine Überraschung für dich.«

Was könnte das sein?

Ich nehme Papa zur Seite. »Ich habe mir gestern im Bett noch die Website von dem Casting angeguckt. Kann ich was ausdrucken in deinem Büro?«

Er hatte wohl gehofft, dass ich das Ganze vergessen habe, nickt aber und folgt mir.

Ich setze mein strahlendstes Lächeln auf. »Hier, das ist so eine Formalie, die man wohl braucht, wenn man teilnehmen will. Könntest du das bitte unterschreiben?«

Papa setzt seine Brille auf. »Einverständniserklärung.« Er seufzt tief und blättert flüchtig durch die ausgedruckten Seiten. »Das musst du aber unbedingt auch Mama zeigen, ja? Die kennt sich schließlich besser mit so etwas aus. Und vielleicht überlegst du es dir ja noch mal.« Sein Blick hat etwas Flehendes. Zum Glück kann er mir nur sehr schwer etwas abschlagen und unterschreibt. Eigentlich habe ich nicht vor, Mama und meinen Schwestern von dem Casting zu erzählen. Bestimmt würden sie mich davon abbringen wollen.

Nach dem Frühstück und zwei Runden Mensch-ärgere-Dich-nicht klingelt es an der Tür. Nachdenklich starrt Papa einen Moment ins Leere, dann sprintet er los und reißt die Grünpflanze um, die auf einer Steinsäule im Eingangsbereich steht. Sibylle zuckt noch nicht mal zusammen – sie ist Papas Aktionen dieser Art gewohnt.

Nachdem sie Handfeger und Schaufel bereitgelegt hat, begrüßt sie Mama, Chloe und Leonie. Papa drückt meine Schwestern besonders lange an sich. Sie haben sich eine ganze Weile nicht gesehen, wollen aber trotzdem nicht reinkommen.

»Wir haben Termine«, höre ich Leonie in wichtigem Tonfall sagen. Ich knuffe Papa zum Abschied à la Tante Lori in die Wange, was ihm ein Grinsen entlockt. Ein Glück. Ungern hätte ich ihn traurig hier stehen gelassen. Es ist immer komisch, wenn wir uns nach einem Treffen verabschieden und dann wieder jeder seinem eigenen Leben nachgeht. Sibylle umarmt mich fest, während die Jungs sich von zwei Seiten an mich hängen. Wir winken uns noch zu, bis das Haus außer Sichtweite ist.

Im Auto versuche ich herauszufinden, wo es hingeht. »Was habt ihr denn mit mir vor?«

Chloe strahlt. »Du sahst letztes Wochenende so glücklich aus, als wir endlich mal alle Zeit füreinander hatten, und da dachten wir, wir könnten heute den Gutschein zusammen einlösen.«

»Welchen Gutschein?«

»Na, den von diesem Wellness-Tempel mit Beauty-Farm, den ich im Frühling gewonnen habe!« Leonie strahlt.

Josy wird ganz unruhig.

Ja! Ja! Ja!!! Endlich!

Wenn ich es nicht besser wüsste, würde ich denken, die hätten mit Josy gemeinsame Sache gemacht.

»Was kann man denn da bekommen?«

Mama schaltet sich ein. »Na, zum Beispiel eine neue Frisur. Ich lasse mir heute die Haare schneiden.«

»Und ich brauche eine Massage. Ich hab ganz schön Muskelkater von dem Punktspiel gestern.« Chloe reckt ihren Rücken. Leonie, die mit mir auf der Rückbank sitzt, greift nach meiner Hand. »Und für uns hab ich eine Maniküre gebucht.«

Ein Traum wird wahr!

»Na, da bin ich aber gespannt.«

Das bin ich wirklich, denn in solch einem Wellness-Schuppen war ich bisher noch nie. Vielleicht kann ich Josy da abgeben, und sie hängt sich an irgendeine selbstverliebte Schnalle. Dann würde für **mich** ein Traum wahr werden.

Meine Bedenken verfliegen, als ich die Beauty-Oase betrete. Es riecht so gut! Eine Mischung aus Zitrone und Vanille. An der Rezeption stehen lauter Vasen mit frischen Blumen und Schwimmkerzen. Es fühlt sich ein bisschen wie Urlaub an. Und wann waren wir schon das letzte Mal im Urlaub? Das ist eine Ewigkeit her, weil Mama immer so viel arbeitet.

»Willkommen im Wellness-Tempel *Paraiso*. Wie kann ich Ihnen helfen?«, haucht uns eine seichte Stimme entgegen.

Triumphierend legt Leonie den Gutschein auf den Tresen.

»Familie Wagner. Darf ich Sie herumführen, bevor Ihr Makeover beginnt?«

Wir folgen der gazellenartigen Frau und staunen über in Marmor gehaltene Ruheräume mit Sternenhimmel, ein Schwimmbad mit blauer Unterwasserbeleuchtung und einen Friseursalon, der die Größe einer halben Turnhalle hat. Josy hört gar nicht mehr auf, ehrfürchtig zu seufzen.

»Frau Wagner, wenn ich Sie jetzt zu ihrem Hair-

Stylisten geleiten dürfte!« Leonie, Chloe und ich kichern, bis die Empfangsfrau wieder neben uns steht.

»Chloe Wagner, Ihre Massage beginnt in circa zehn Minuten. Leonie und Jill, um Ihre Maniküre wird man sich in einer Viertelstunde kümmern. In der Zwischenzeit können Sie sich in unserer Lounge mit einer Zeitschrift entspannen. Wir holen Sie ab, wenn es so weit ist.«

Chloe lässt sich in einen cremefarbenen Ledersessel plumpsen und greift sich die *Gala*. Leonie und ich setzen uns auf die Couch daneben.

Als Chloe aufgerufen wird, zwinkert sie uns zu. »Viel Spaß dann, Mädels! Bis später.«

»Entspann dich schön!« Leonie lehnt sich zufrieden zurück. Sie wird kurz danach von einer schmuckbeladenen Frau mit viel Make-up abgeholt. Ich bleibe etwas verloren zurück, bis auch ich endlich dran bin.

Die Frau, die meine Nägel bearbeitet, könnte auch ein Mädchen von meiner Schule sein. Ihre hellblonden Haare mit roten Strähnchen trägt sie als Irokesen. Im Gegensatz zu den anderen Frauen im *Paraiso* sieht sie sehr flippig und jung aus.

Es fühlt sich komisch an, dass jemand so lange schweigend an meinen Fingern rumfummelt. Richtig genießen kann ich es nicht.

»Weißt du, was gerade der letzte Schrei ist?«, fragt mich die Flippige und stellt mir drei Nagellackfläschchen vor die Nase. »Ist mal was anderes.«

Das kann man so sagen. Ich habe die Auswahl zwischen Giftgrün, Quietschgelb und Neonorange. »Gibt es auch noch andere Farben?«

»Ja, aber die sind doch langweilig.« Sie macht keine Anstalten, noch andere Farben zu präsentieren. Aufmunternd nickt sie mir zu.

Hätte ich mir ja denken können. Nun bist du schon mal am richtigen Ort, aber bei der falschen Person gelandet. Jill, frag noch mal nach dezenten Farben!

Plötzlich habe ich größte Lust, mal Neonorange auszuprobieren, und zeige mit einer lässigen Geste auf die entsprechende Flasche.

Die Maniküre-Frau grinst breit. »Gute Wahl!«

Neeiiinnnn!!!!!! Tu es nicht!

Ich weiß gar nicht, was Josy hat. Meine Hände sehen doch gut aus. Okay, ein bisschen gewöhnungsbedürftig ist es schon. Irgendwie muss ich immer auf meine Finger starren. Das geht auch meinen Schwestern und Mama so, die ich im Ruheraum treffe. Meine Mutter hat jetzt eine schicke neue Frisur mit Pony, was sie noch jünger wirken lässt. Sie begrüßt mich mit den Worten: »Oh, Jill, das ist, na ja, mal was anderes.«

Leonies Nägel sind ein Stück länger geworden und glänzen in zartem Rosé mit weißem Abschluss. »*French* nennt man das!«, ruft sie mir zu, während sie stolz ihre Hände präsentiert.

Endlich nimmt sie ihren Blick von meinen Fingern und lehnt sich in ihrem Relaxstuhl zurück. Chloe ist bereits tiefenentspannt. Ganz im Gegensatz zu Josy.

Wärst du doch mit deiner Schwester gegangen. Dich kann man auch nie allein lassen. Entweder verletzt du dich oder mich und meinen guten Geschmack.

Bei einem Rockstar wären neonorange Fingernägel doch cool!

Aber Paul scheint da anderer Meinung zu sein. Als er am Montag meine Hände sieht, wird er sogar ein bisschen blass. Da ich sonst nie Nagellack trage, denkt er wohl, ich hätte eine ansteckende Krankheit oder so etwas.

»Alles in Ordnung bei dir?«, fragt er so beiläufig wie möglich.

»Ja, war nur mit Mama und meinen Schwestern in diesem Wellness-Tempel. Leonie hatte da einen Wohlfühltag für vier Personen gewonnen.«

»Ach so, na dann.«

Ich spüre, dass er sich über mich wundert. Als sich jedoch Amy und die *Its* nähern, lässt er sich davon nichts mehr anmerken.

»Oh, guckt euch das mal an. Wen willst du denn damit schocken?« Amy zeigt auf meine Hände. Die *Its* neben ihr kichern.

»Niemanden. Ist ja nicht so wie bei dir. Du brauchst nur den Mund aufzumachen, und alle sind geschockt!«

Pauls Mundwinkel heben sich zu einem Lächeln. Richtig stolz sieht er aus.

»Na, warte mal ab, wer als Letztes lacht, wenn dir beim Kastenturnen deine hübschen Nägelchen abbrechen. Ich habe Herrn Schneider vorgeschlagen, dass wir das Zirkeltraining diese Woche wiederholen.«

Pauls Hände verkrampfen sich. »Pass mal lieber auf, dass **du** dir keinen abbrichst.«

Schade für Amy, dass die *Its* wieder lachen, nur dieses Mal über sie.

»Wenigstens habe ich keinen Bodyguard nötig, um mich gut zu fühlen. Und schon gar keine orangefarbenen Nägel.«

Paul wird noch ein paar Zentimeter größer. Ich nehme seinen Arm und ziehe ihn ein Stück zur Seite. Er sieht frustriert aus.

»Seit wann lässt du dich von der kirre machen?«, frage ich vorsichtig.

»Bodyguard? Ich bin doch nicht dein Bodyguard!«

»Ist doch egal, wie sie es nennt. Hauptsache, wir wissen, dass wir gute Freunde sind. Und die unterstützen sich nun mal.«

Doch Paul hat sich noch immer nicht beruhigt. Komisch. Sonst bleibt er meistens gelassen. Ich gebe nicht zu, dass es mich auch getroffen hat. Obwohl ich weiß, dass Amy mich nur fertigmachen will, muss ich noch lange über ihre Worte nachdenken.

Apropos nachdenken: Du weißt schon, dass man Nagellack mit Nagellackentferner wieder wegkriegt, oder?

Ja, weiß ich. Bleibt aber dran.

Bevor Josy weiterzetert, betätige ich mal wieder den Lautstärkeregler. Paul trottet neben mir durch die Tür ins Schulgebäude. Er ist völlig in Gedanken versunken.

Wenn ich statt Josy, der Zicke, doch nur eine Gedankenleserin in meinem Kopf wohnen hätte.

09

NACH DER SCHULE schlage ich Paul vor, gleich heute für das Casting zu üben. Schließlich findet es schon am Freitag statt. Er ist begeistert.

»Hast du schon eine Idee, welches Lied du vorbereiten willst?«

»Nicht genau, aber irgendetwas von Pink. Bei meiner Schwester läuft die ganze Zeit *Love Song*, ich kann es schon nicht mehr hören. Ich hatte eher an *Most Girls* gedacht.«

»Uh, das kenne ich gar nicht richtig. Das muss ich erst ein paarmal hören, um es ins Ohr zu kriegen. Dann kann ich die Akkorde dazu spielen. Bring doch einfach die CD mit. Wie wäre es so gegen halb vier bei mir?«

»Gerne!«

Im Internet habe ich gelesen, dass es für Sänger gut ist, Ingwertee zu trinken. Also hab ich so eine Knolle besorgt, klein geschnitten und aufgebrüht. Eklig, das kann doch nicht gut sein. Da singe ich lieber schlecht.

Da hätte auch der Ingwertee nicht geholfen.

Ach, Josy, nur kein Neid. Wenn du singst, muss es zum Glück für die restliche Menschheit nur ich ertragen.

Langsam werde ich schlagfertiger. Wunderbar. Hoffentlich hält Josy jetzt für eine Weile die Klappe und funkt mir beim Üben mit Paul nicht allzu oft dazwischen.

Mit der Gitarre in der Hand macht Paul mir die Tür auf.

»Komm rein, ich hab mich schon warm gespielt. Hab das Lied gekauft, runtergeladen und seit Schulschluss immer wieder gehört. Ich kann dich also ohne Probleme begleiten.«

»Ich hab doch die CD mit.«

»Ja, ich weiß, ich wollte mich aber vorbereiten.«

Paul schafft es einfach immer wieder, mich zu beeindrucken. Wir gehen in sein Zimmer, wo ich mindestens ein Mal die Woche bin. Paul hat extra aufgeräumt, aber sein Chaos kann er trotzdem nicht vor mir verbergen. Die Wäscheberge, die er bestimmt längst in die Waschküche gebracht haben sollte, hat er einfach in seinen Schrank gequetscht. Allerdings geht die Tür nicht mehr ganz zu, sodass man sehen kann, was sich dahinter verbirgt. Ich grinse in mich hinein. Paul dagegen ist schon ganz konzentriert.

Erst ist es komisch, vor ihm zu singen, doch ein Blick auf sein fröhliches Gesicht macht es mir leichter, dranzubleiben. Schließlich ist es besser, wenn **er** mir ehrlich seine Meinung sagt als diese Casting-Jury. Ich schmettere *But I'm not every girl and I don't need that world to validate me* und stelle mir dabei vor, dass ich auf der Bühne stehe wie in meinem Traum. Nach der letzten Zeile *Everything, can you be everything I can come up with* sieht Paul mich durchdringend an. Sein Blick klebt geradezu an mir.

»Nun sag doch mal. So schlimm, oder was?«

»Nee, gar nicht. Ich fand das echt gut! Vielleicht gibt es irgendwo auf der Welt noch bessere Sängerinnen, aber deine Ausstrahlung beim Singen ist großartig. Das dürfte auch die Jury erkennen. Wollen wir es wiederholen, damit du dich ganz sicher fühlst? Und dann probierst du es mal ohne Gitarre, denn ich bin beim Casting schließlich nicht dabei. Sonst denken die noch, ich will auch berühmt werden!«

»Willst du das denn nicht?«

»Nein, ganz und gar nicht. Warum willst du das eigentlich so dringend?«

»Bisher dachte ich, das möchte jeder. In etwas richtig gut sein wie kein anderer. Irgendwie einen Auftrag haben.«

»So wie im Lied von Tim Bendzko? *Nur noch kurz die Welt retten*?«

»Ja, so ähnlich. Und vergiss nicht: Danach flieg ich zu dir.«

Paul sieht mich verträumt an.

»Hey, woran denkst du?«

Es dauert einige Momente, bis er antwortet: »Ach, an gar nichts eigentlich.«

Die nächsten Tage singe ich ständig mein Lied für das Casting, entweder in Gedanken oder auch laut, wenn ich ungestört bin. Josy hat wohl genug und singt mittlerweile »Lalala« dagegen an, in einer Lautstärke, die ich leider nicht ignorieren kann.

Amy macht sich in letzter Zeit eher aus der Ferne über mich lustig, vor allem wenn sie ihre tollen Freundinnen gerade nicht im Rücken hat. Im Sportunterricht habe ich mir vorgenommen, alles zu geben. Dennoch klappt es nicht besser als beim letzten Mal. Amy kommt nicht zu mir rüber, weil Paul meistens an meiner Seite ist. Doch ihr Kichern und das der *Its* ist nicht zu überhören – besonders wenn ich mein Hinterteil mal wieder nicht rechtzeitig hochschwinge. Ich bin gespannt, wie das wird, wenn wir bald getrennten Sportunterricht haben: die Mädels Gymnastik und die Jungs Basketball. Dann hat Amy freie Bahn.

Ich habe Mama, Chloe und Leonie nichts erzählt vom Casting. Falls ich weiterkommen sollte, will ich sie damit überraschen.

Paul begleitet mich am Freitag nach der Schule

zur Weitlandhalle. Seine Gitarre hat er dabei, damit wir während des Wartens noch üben können. Er ist die Ruhe selbst. Nachdem ich die Einverständniserklärung abgegeben habe, bekomme ich langsam kalte Füße. Wenn Mama wüsste, dass ich hier bin, ohne ihr die Erklärung gezeigt zu haben! Ich muss an die Jury denken. Im Internet habe ich einige sehr zwiespältige Kommentare über sie gefunden. Vorher kannte ich keins der Jurymitglieder.

Josy setzt zur mindestens hundertsten Attacke an.

Ist dir klar, dass dein Auftritt vielleicht im Fernsehen übertragen wird? Dann sieht die ganze Schule, wie du dich blamierst. Beim Singen und natürlich beim Styling. Vom Makeup ganz zu schweigen. Bei den Jungs brauchst du dann auch nicht mehr anzuklopfen.

Apropos Schweigen, Josy. Tu mir doch mal den Gefallen! Danke.

Ich habe die Nummer 98 bekommen, das kann dauern.

»Ich hoffe, du hast ein bisschen mehr Zeit eingeplant, Paul!«

»Na klar. Es dauert so lange, wie es eben dauert. Wenn du die Welt retten musst, dann bin ich an deiner Seite.« Lässig zückt er im Warteraum der Halle seine Gitarre und spielt die verschiedensten Lieder. Mittlerweile kann ich *Most Girls* auch nicht mehr hören.

Was mich richtig fertigmacht, sind die Mädels, die heulend aus dem Casting-Studio gelaufen kommen. Was geht denn da drinnen vor sich? Ein Mädchen mit braunen Locken zündet sogar ihre Startnummer an. Sofort wird sie von Kameras umringt, die alles festhalten.

»Was mache ich denn, wenn's mir nach dem Vorsingen genauso geht und ich die Nerven verliere?«

»Das wird nicht passieren, keine Angst. Und ich bin ja hier«, beruhigt mich Paul. Er spielt *Nur noch kurz die Welt retten* auf seiner Gitarre und strahlt mich an.

Ohne Paul wäre nicht nur Schule öde, auch sonst würde ich einiges nicht auf die Reihe bekommen. Mir kommen Amys Worte wieder in den Sinn: Wenigstens habe ich keinen Bodyguard nötig, um mich gut zu fühlen. Bestimmt war Paul deshalb so sauer. Er ist noch so viel mehr. Mein bester Freund, mein Retter in peinlichen Situationen und irgendwie auch meine beste Freundin, denn wir reden manchmal auch über Mädchenkram.

Jetzt wundert mich gar nichts mehr.

Nach über vier Stunden Warten, Singen, Den-Textansehen, Gitarrespielen und Rumsitzen nähern wir uns meiner Startnummer. Paul ist guter Dinge.

»Jill, so langsam wird es ernst. Nummer 96 ist gerade dran!«

O weh.

Zehn Minuten später bin ich es, die aufgerufen wird. Nummer 98. Paul steht mit auf, knufft mir aufmunternd in die Schulter und setzt sich wieder. Ich muss einen kleinen dunklen Gang passieren, um zum Casting-Studio zu kommen. Überall sind Kameras platziert. Zur Jury gehören eine Frau mit knallroter Igelfrisur, ein Mann, der bestimmt eine ganze Dose Haarspray in seinen Goldlöckchen hat, und eine Frau mit wallender bunter Hippie-Bluse. Ich nähere mich der Mitte des Raumes. Zwei Kameras und drei Augenpaare starren mich an.

Ich erschrecke fast zu Tode, als Josy plötzlich durch die Stille brüllt: Lauf! Noch kannst du! Lauf, Jill!

Als ich nicht reagiere, fängt sie wieder an zu singen.

Hoch auf dem gelben Wagen, sitz ich beim Schwager vorn. Vorwärts die Rosse traben, lustig schmettert das Horn.

Das Lied habe ich früher oft mit meinem Opa gesungen. Ich wünschte, ich würde jetzt auf diesem gelben Wagen sitzen und nicht hier in diesem sterilen Raum vor der Jury stehen. Unbehaglich schaue ich in die Runde, doch niemand sagt ein Wort. Endlich blickt der Mann mit dem Haarspray-Problem auf einen Zettel vor sich.

»So, dann erzähl mal. Was machst du, was willst du?«

FLÜCHTEN!!!

»Ich bin Jill, dreizehn Jahre alt, gehe noch zur Schule und will *Most Girls* von *Pink* singen.«

Der Haarspray-Mann verdreht die Augen. »Aha, na, dann schauen wir mal.«

Die Hippie-Frau guckt mich aus grünen Augen neugierig an, die Rothaarige scheint eher unbeteiligt zu sein. Sie kann nicht verbergen, dass es bereits ein langer Tag war.

Ich stelle mir vor, wie Paul die ersten Akkorde spielt und mir zuzwinkert. Und dann singe ich los: »*I never cared too much for love, it was all a bunch of mush.*«

Mister Haarspray hat sich zurückgelehnt und guckt aus dem Fenster. Josy schmettert, so laut sie kann. Ich mache weiter, obwohl ich mich überhaupt nicht mehr konzentrieren kann.

»*That I just did not want, hoch auf dem gelben Wagen.*«

Pause. Elende Momente der Stille.

Nun hast du es geschafft, mich total zu verwirren, Josy.

Jetzt habe ich die volle Aufmerksamkeit der Jury. Wir starren uns gegenseitig an. Mir ist heiß. Es puckert in meinem Gesicht. Ich drehe mich um und rase, so schnell ich kann, zur Tür.

Na endlich.

»Was war das denn, Mädel?«, ruft mir der Haarspray-Mann noch hinterher.

Ich habe die Türklinke schon fast in der Hand, da stolpere ich über ein Kabel, gerate ins Taumeln und reiße einen Mikrofonständer um. Wie ich es von dort aus zu Paul geschafft habe, weiß ich nicht mehr.

»Mensch, Jill, du bist blass wie die Wand! Was war denn los?«

Kraftlos sinke ich in einen Sessel. »Das ist das Peinlichste, was mir jemals passiert ist.«

Tja, Jill. Hab ich es nicht gesagt?

»Wenn ich dich zu fassen kriege, mach ich was Schlimmes mit dir!«

Paul nimmt ein bisschen Abstand von mir. »Nun komm erst mal runter. Das war doch nicht **meine** Idee!«

»Dich meine ich doch nicht! Josy ist so gemein. Und diese Jury erst. Papa hatte recht.«

Jetzt kann ich die Tränen nicht mehr zurückhalten. Paul setzt sich auf die Sessellehne und streicht über meinen Rücken. Nachdem ich ihm die ganze Geschichte erzählt habe, auch dass die Kameras alles festgehalten haben, zieht er sich einen Stuhl zu mir ran und sieht mich durchdringend an.

»Das tut mir wirklich leid. Und vor allem war es doch Josys Schuld.«

Wie bitte? Ich höre wohl nicht richtig!

»Bald wirst du darüber lachen, Jill! Und wenn die das wirklich im Fernsehen zeigen, na ja, wer guckt so was denn schon? Es weiß doch keiner, dass du da mitgemacht hast. Außerdem vergisst man so etwas auch schnell wieder.«

Wie erwartet, sieht Paul wieder nur das Positive. Und es tut gut in diesem Moment. Ich rede mir ein, dass vielleicht wirklich niemand, und schon gar nicht Amy, diese verkackte Show sehen wird.

»Von wegen Rockstar. Lächerlich. Was hab ich denn gedacht?«

Paul fängt vorsichtig eine meiner Tränen mit seinem Finger auf. Das kitzelt, und ich muss lächeln. »Und diese Jurynasen … echt unglaublich.«

»Schon besser. Außerdem wirst du bestimmt etwas anderes finden, worin du richtig gut bist und blitzschnell berühmt wirst. Na komm, lass uns von hier verschwinden.« Er nimmt meine Hand und führt mich weg vom Ort des Grauens, hin zu unseren Fahrrädern. Paul begleitet mich nach Hause, und wir beschließen, später noch mal zu telefonieren.

Chloe, Leonie und Mama entgeht nicht, dass meine Laune im Keller ist. Wie auch?

»Wollen wir Pizza bestellen?«, versucht Mama mich aufzuheitern.

»Warum nicht.« Es klingt so, als wäre mir alles egal. Ist es auch gerade. Erschreckenderweise gefalle ich mir darin, mies drauf zu sein.

Als ich meine Anekdote des Tages zum Besten geben soll, bricht es aus mir heraus: »Wisst ihr eigentlich, wie das ist, wenn man nur so ein langweiliger Niemand ist? Nee, wisst ihr nicht, denn ihr habt alle etwas, was euch besonders macht.«

Mama bleibt fast der Bissen im Hals stecken. Chloe zieht die Augenbrauen hoch, und Leonie kann sich ein »Was ’n jetzt los?« nicht verkneifen. Alle drei starren mich fassungslos an.

Also erzähle ich von meinem Casting-Erlebnis, bevor sie mich vielleicht im Fernsehen entdecken und sie der Schlag trifft.

Chloe massiert meine Schultern, die beim Erzählen sehr angespannt sind. Leonie springt auf, um einen Kummer-verschwinde-Schokoladenpudding für mich zu kochen, und Mama rückt ein Stück näher an mich heran.

»Jill, du bist längst besonders. Das warst du schon immer. Du musst doch niemandem etwas beweisen! Lass die Dinge auf dich zukommen! Wenn du etwas gefunden hast, was deinen Bauch kribbeln lässt, dann bist du auf dem richtigen Weg. Dein Hobby wird deine Besonderheit nur noch unterstützen. Und bis dahin sei einfach Jill! So lieben wir dich.«

Nun muss ich schon wieder heulen. Und mich freuen gleichzeitig. Komischer Zustand. Heute habe ich meinen Tränenspeicher sicher nahezu aufgebraucht.

Leonies Schokoladenpudding schmeckt wie immer großartig. Sie hat sogar Sahne dazu geschlagen.

Das macht sie sonst nur in Krisensituationen, aber mein Tag heute gehört wohl in diese Kategorie.

Vor dem Einschlafen quatsche ich noch eine Stunde mit Paul. Wir reden so lange über das Casting, betrachten es aus allen Blickwinkeln, bis ich am Ende wieder ein bisschen lache. Gehässig zwar, aber immerhin.

»Siehst du, das ging doch schneller als gedacht.« Paul klingt sehr zufrieden.

Er ist und bleibt der beste Freund überhaupt.

10

ZUM GLÜCK lenken mich in den nächsten Tagen die Vorbereitungen für Chloes achtzehnten Geburtstag ab. Sie will bei uns im Keller eine große Party schmeißen. Dieses Jahr bin ich sogar eingeladen. Letztes Jahr war es Chloe noch zu peinlich gewesen, ihre kleine Schwester auf ihrer Feier zu haben.

Leonie und ich dürfen jeweils eine Person einladen, ansonsten stehen insgesamt 22 Jungs und Mädels auf Chloes Gästeliste. Natürlich habe ich Paul gefragt. Leonie hat solche Andeutungen gemacht, dass ich glaube, wir bekommen das erste Mal ihren Schwarm zu sehen.

Ich muss die ganze Zeit darüber nachdenken, wie es wohl ist, achtzehn zu werden. Einerseits ist man dann ganz schön alt, andererseits ist man erwachsen und darf so viele Dinge.

Und man hat endlich seinen Style gefunden.

Ach, Josy, das ist natürlich das Einzige, was dich interessiert. Viel wichtiger ist doch: Chloe hat viele

Freunde, ist beliebt, erfolgreich und sieht auch noch gut aus. Ich bin ein bisschen neidisch, aber vor allem stolz auf sie.

Leonie, Mama und ich haben lange überlegt, was wir Chloe schenken könnten. Sie wollte gern von uns überrascht werden und hat sich extra nichts gewünscht. Da Papa ihr den Führerschein spendieren will, müssen wir uns was anderes überlegen. Natürlich soll es auch von uns etwas ganz Besonderes sein. Leonie hatte die Idee, Chloe einen Tag beim Fotografen zu schenken; Mama meinte, dass ein gemeinsamer Ausflug toll wäre. Und da fiel mir wieder ein, dass wir alle doch schon immer nach Paris wollten. So könnten wir beides miteinander verbinden. Es gibt Busreisen für ein Wochenende mit Hotel. Das fanden auch die anderen klasse. Seitdem basteln wir an einer Paris-Karte, die wir Chloe an ihrem Geburtstag überreichen wollen.

Leonie ist aufgeregter als wir alle zusammen und überlegt ständig, was sie zur Party anziehen soll. Kein Wunder. Sie spürt, wie gespannt wir auf ihren Mister Perfekt sind. Da ich auch noch auf der Suche nach einem passenden Outfit bin, stöbere ich gemeinsam mit Leonie in ihrem Kleiderschrank. Wir finden ein Sommerkleid mit bunten Streifen für mich und einen kurzen Jeansrock für Leonie.

Am Samstagmorgen stiefeln wir im Gänsemarsch

in Chloes Zimmer und singen laut *Happy Birthday*. Ich trage den Schokokuchen mit den achtzehn Kerzen. Nachdem Chloe glücklich, aber noch etwas verschlafen alle Kerzen ausgepustet hat, überreichen wir ihr unser architektonisches Kunstwerk: den Gutschein in Form eines Papp-Eiffelturms. Als sie begriffen hat, um was es geht, kriegt Chloe sich gar nicht mehr ein.

»Wow! Wie genial ist das denn? Ich kann es kaum erwarten, mit euch in einem angesagten Straßencafé zu sitzen und die Leute zu beobachten. Danke, ihr seid so super!«

Danach machen wir drei uns daran, das Buffet vorzubereiten. Leonie ist für die süßen Sachen zuständig, Mama für die Frikadellen und den Salat und ich für die Appetizer. Chloe muss gar nichts machen, da sie das Geburtstagskind ist. Außerdem hat sie gestern den ganzen Abend den Keller aufgeräumt, und heute klingelt sowieso den ganzen Tag das Telefon für sie. Zwischendurch kommt auch Papa vorbei; er bleibt aber nicht lange, da Rafael ein Fußballspiel hat.

Die Stunden bis zum Abend fliegen dahin. Paul kommt schon um sieben. Sein Blick bleibt lange an meinem Kleid hängen, bis ich ihn frage, ob ich mich lieber umziehen soll. Ich war mir selbst auch nicht sicher, ob es komisch aussieht oder nicht.

»Nee, auf keinen Fall!«, beruhigt er mich.

Ach, lass mal, besser als das, was in deinem Schrank hängt. Obwohl, diese zartrosa Bluse wäre doch nett.

Hey, Josy, das ist genau die, die ich noch in den Altkleidersack stopfen wollte. Passt einfach nicht zu mir.

Kurz nach acht klingeln die ersten Gäste an der Tür. Zum Glück ist alles fertig: Im Partykeller leuchten bunte Lampions, das Buffet ist aufgebaut, und hinter dem Tresen stehen Säfte, Cola und Sekt bereit. Ein Freund von Chloe spielt den DJ. Seine Musik gefällt Paul und mir überhaupt nicht. Die Songs klingen düster und lahm, sodass man gar nicht in Schwung kommt.

Als die Ersten trotzdem zu tanzen anfangen, erscheint endlich auch Leonie im Keller, ihren Freund im Schlepptau. Sie strahlt verliebt, er sieht eher cool aus.

»Das ist Patrick, Schwarm aller Mädchen. Ich kenne ihn durch meinen Bruder. Hoffentlich ist der nicht so, wie alle sagen!«, raunt Paul mir zu.

Patrick ist einen Kopf größer als Leonie und ziemlich durchtrainiert. Während sie ihn anhimmelt und seine Hand hält, checkt er die Menge. Auf den ersten Blick geben sie ein schönes Paar ab, aber dennoch stört mich irgendetwas an ihm.

»Was sagen denn alle über ihn?«

»Na, dass er ganz genau weiß, dass er nahezu jedes Mädchen haben kann, weil ihn alle so toll finden. Kann ich schwer nachvollziehen. Der hat nur Fußball im Kopf. Und Mädchen anbaggern.« Paul verdreht genervt die Augen.

Plötzlich taucht Mama im Keller auf. Sie stellt eine weitere Platte Frikadellen auf den Tresen. Als sie sich suchend umschaut, verschwinden Leonie und Patrick schnell in einer dunklen Ecke. Dafür winkt Chloe Mama zu. Letztes Jahr gab es noch Knatsch, weil meine Schwester nicht wollte, dass Mama in den Keller kommt. Dieses Jahr scheint Chloe ganz entspannt zu sein. Sie redet auf den DJ ein, der daraufhin endlich bessere Musik auflegt.

»Wollen wir tanzen?« Auffordernd nicke ich Paul zu. Der wird auf einmal purpurrot wie das Sofa gegenüber.

Aha.

Was soll das heißen, Josy?

Keine Antwort.

»Was ist denn los, Paul, keine Lust?«, hake ich nach.

»Doch, klar! Wie kommst du denn darauf?«

Wir tanzen zu Jason Derulo. Doch Paul bewegt sich total komisch und sieht aus, als hätte er gar keinen Spaß. Während der Zeilen *What if? What if I'm the one for you*? wirkt er besonders unentspannt. Er guckt mich die ganze Zeit nicht an. Dafür starrt er zu Chloes bester Freundin Kate hinüber. Ist er in sie verliebt? Dabei ist Kate eigentlich ein bisschen zu alt für ihn. Und ich hatte schon gedacht – ach, egal.

Josy lacht hämisch. Kein Kommentar.

Mann, das wäre ja ein Ding, wenn die beste Freundin meiner Schwester auch noch Pauls Freundin wäre. Wenn ich mich richtig erinnere, hat er vor einer Weile schon mal eine Bemerkung zu Kates gutem Aussehen gemacht, als beide bei uns zu Hause waren.

Wie wäre es überhaupt, wenn Paul eine Freundin hätte? Würden wir dann noch Zeit zusammen verbringen? Würde er sich noch für mich interessieren? Wenn nicht, würde ich ihn schrecklich vermissen. Es wäre einfach nicht mehr dasselbe. Ich müsste bestimmt sogar aufpassen, was ich erzähle, wann ich ihm ein Kompliment mache und so weiter. Kann man seinen besten Freund verlieren? Das könnte schneller gehen als gedacht. Plötzlich wird mir ganz komisch. Blöde Situation. Ich mag Kate, aber Pauls Freundin soll sie definitiv nicht sein.

Patrick zieht Leonie auf die Tanzfläche. Sie zwinkert mir verlegen zu, während sie sich unsicher hin und her wiegt. Patrick hingegen sieht aus, als hätte er nie etwas anderes getan, als sich cool zur Musik zu bewegen.

Als *Gangnam Style* gespielt wird, beginnen Chloe, Kate und vier ihrer Freundinnen wie wild herumzuhopsen. Dabei werden sie von einem Lachanfall nach dem anderen geschüttelt. Ich frage mich, warum ich eigentlich nie eine beste Freundin oder gar eine Mädchenclique hatte. Irgendwie hat mich immer das Gezicke genervt. Und dann kam Paul ab der fünften Klasse. Mit ihm war alles easy.

Chloe hatte diese Probleme nie. Sie hat Freundinnen und männliche Kumpel. Alle kommen gut klar – und genau wie meine Schwester machen sie natürlich irgendwas Besonderes. Zwei Mädels spielen in ihrer Handballmannschaft, und ein Junge ist Schach-Landesmeister. Kate ist Zumba-Lehrerin, und zwei andere Freundinnen von Chloe haben sogar schon eine eigene Firma mit irgendeinem Kosmetikzeugs.

Könntest du da nicht mit einsteigen?

Verdammt, und ich? Ich habe nur zwei linke Füße. Apropos. Während des Gangnam-Tanzes bekomme ich einen Stoß in den Rücken und falle der Länge nach auf die Tanzfläche. Habe ich denn eigentlich gar keine Reflexe? Plötzlich ist die Musik leise, und alle gucken mich an. Eine Tanzfee werde ich wohl nie sein.

Nee, Jill. Weder Tanz noch Fee ist dein Ding, wenn wir ehrlich sind.

Josy, halt doch einfach mal die Luft an.

Paul ist sofort zur Stelle, um mir hochzuhelfen. Zum Glück lacht niemand außer Patrick, dem Leonie einen bösen Blick zuwirft. Chloe, Leonie, Paul und einige andere erkundigen sich, ob es mir gut geht. Obwohl ich nicke, flitzt Paul los, um mir ein Glas Wasser zu holen. Der DJ regelt die Lautstärke wieder hoch, spielt jedoch erst mal ruhigere Musik. Nicht dass ich auch noch zum Partykiller werde.

Da ist deine Schwester selbst schuld, wenn sie dich einlädt.

»Na, schönen Dank, du fiese Kuh!«

Kate dreht sich zu mir um. »Hey, tut mir leid, ich hab dich wirklich nicht gesehen!«

»Weiß ich doch. Meinte eigentlich auch jemand anders.«

Irgendwann werde ich noch mal für verrückt erklärt, nur wegen Josy! Wie könnte ich schon beweisen, dass sich diese hochnäsige Schnalle tatsächlich in meinem Kopf eingenistet hat?

Eingenistet? Du hast mich doch eingeladen! Und leider bin ich der Einladung gefolgt.

Wann soll denn das bitte gewesen sein? Das müsste wohl in einem Moment stärkster geistiger Umnachtung passiert sein.

Und was ist mit den Gesprächen, die du mit dir selbst geführt hast? Immer und immer wieder? Mit deinen Zweifeln und deinen wirren Gedanken? Da musste doch mal jemand kommen und das Ganze auffangen.

Ha, auffangen, dass ich nicht lache! Und außerdem: Dieser Jemand musstest ausgerechnet du sein?

Doch Josy antwortet nicht.

Plötzlich habe ich keine große Lust mehr auf die Party und beschließe, schlafen zu gehen.

Als ich oben im Bett die Augen schließe, sehe ich wieder Pauls enttäuschtes Gesicht vor mir. Seinen traurigen Blick, als ich ihm sage, dass ich müde bin.

Von unten dringt noch lange wummernde Musik zu mir hoch. Wenn ich mal eine Party schmeißen würde, wen außer meinen Schwestern und Paul würde ich dann einladen? Und was habe ich bisher auf meiner Suche erreicht?

Nicht viel. Ich habe noch immer kein Hobby, das mich weiterbringt. Stattdessen hab ich mich beim Casting bis auf die Knochen blamiert und beim Saxofonspielen noch nicht mal einen Ton herausbekommen.

So geht das nicht weiter!

11

UM MEIN LEBEN in die Hand zu nehmen, will ich nach dem Wochenende gleich den nächsten Punkt auf meiner Liste abhaken. Im Schulbüro melde ich mich für die Improvisationstheater-AG an, die immer dienstagnachmittags stattfindet. Leider wird das Ganze auch *Theatersport* genannt. Das schreckt mich natürlich sofort ab. Trotzdem, erst mal sehen. Man soll lockere und bequeme Kleidung mitbringen, falls man sie nicht schon trägt.

Räusper.

Ich habe mir noch gar keine Gedanken darüber gemacht, was mich dort erwartet. Eigentlich hoffe ich nur, dass es der Beginn meiner Schauspielkarriere ist. Dass mich jemand entdeckt und sagt: »Wow, Jill, du bist gut! Hast du schon mal darüber nachgedacht, auf die Schauspielschule zu gehen?«

Die anderen, neun Mädchen und drei Jungs, sind zum größten Teil schon länger in der AG. Die Leiterin, Frau Maus, ist alles andere als grau. Sie ist riesengroß und auffällig bunt gekleidet.

»Also, Jill, wir freuen uns immer, wenn unsere

Gruppe Zuwachs bekommt! Damit du uns kennenlernen kannst und wir dich, machen wir eine Handpuppenrunde.«

Oje. Frau Maus holt eine Handpuppe mit geschnitztem Holzkopf aus ihrer Tasche, die ein Gesicht macht, als hätte man sie gequält. Bestimmt sehe ich ähnlich aus. Ich hasse solche Übungen. Und eine Handpuppe? Das ist ja wohl Kindergarten.

Frau Maus stülpt sich den komischen Kasper beherzt über ihre Hand. »Ich bin Frau Maus, Lehrerin und Schauspielerin. Was ich gern hätt, o wär das nett, wenn wir hier spielen und manchmal auch schielen.« Daraufhin schielt sie wie verrückt in die Runde und lacht sich schlapp. Ich scheine wahnsinnige Leute anzuziehen. Frau Maus entgeht meine Ablehnung nicht.

»Also, Jill, beim Improtheater geht es darum, sich locker zu machen. Also akzeptieren, ausprobieren, spontan zusammenarbeiten und natürlich sich selbst und die anderen wertschätzen. Lass einfach raus, wonach dir ist, ohne groß nachzudenken.«

Sie überreicht mir die Puppe, und ich überlege einen Moment lang, ob ich sie ihr über den Kopf ziehe und mich dann so schnell wie möglich aus dem Staub mache. Sogar Josy ist sprachlos.

Die anderen blicken mich neugierig an.

»Ja, hallo, ich bin Jill, dreizehn Jahre alt, neu hier … und neugierig wie ein Stier.«

Einige kichern, dann klatscht die Gruppe. O Mann. Wieso lasse ich mich zu solchen Peinlichkeiten hinreißen?

»Wir loben immer durch Applaus, das macht es leichter und motiviert.« Frau Maus ist völlig in ihrem Element. »Prima, Jill, gib unsere Spaßpuppe einfach an irgendjemand anders weiter. Hier geht's nicht nach der Reihenfolge.«

Mir gegenüber sitzt ein Mädchen mit kurzen dunkelblonden Haaren. Sie sieht sehr nett aus. Ich hab sie schon mal auf dem Schulhof gesehen. Als ich ihr den Kasper überreiche, freut sie sich und lächelt mich an.

»Ich bin Anna, vierzehn Jahre jung, von hinten und von vorne gleich, das ist nicht immer leicht.« Sie guckt schelmisch, wobei ein kleines Grübchen unter ihrer Lippe zum Vorschein kommt. Die restlichen Teilnehmer sind zwischen dreizehn und sechzehn Jahren alt. Während ich noch über die anderen nachdenke, springt Frau Maus so schwungvoll auf, dass ihr Hocker nach hinten fliegt. »Zeit für ein Warm-up!«

Die Stühle werden schnell zur Seite geschoben.

»Erst mal laufen wir nur durch den Raum und nehmen ihn wahr, jeder in seinem eigenen Tempo. Los geht's!«

Mein Tempo ist eher langsam, damit ich niemanden anrempele. Da kommt auch schon die erste Aufgabe: »Und jetzt geht weiter, ohne die anderen zu beachten.«

Bleib konzentriert, Jill. Blamier uns nicht wieder.

Oje, hoffentlich falle ich nicht gleich hin, weil meine Füße mal wieder rechts mit links verwechseln. Ich muss die anderen beachten, wenn ich niemanden gefährden will!

»Weiter geht es. Verfolgt euch, aber lasst euch nicht verfolgen.«

Irgendjemand klebt an mir, aber ich traue mich nicht, mich umzusehen. Mann, ist das unangenehm. Ich versuche zu flüchten, indem ich Anna verfolge und mich nur darauf konzentriere. Sie ist schnell. Zu schnell für mich jedenfalls. Doch plötzlich stolpert sie, und ich ticke ihr auf den Rücken.

»Zum Abschluss dieser Runde zeigt ihr euren schönsten Körperteil. Präsentiert ihn stolz, und geht dabei weiter.«

Jetzt wird es interessant.

Na toll. Mein schönster Körperteil. Anna tut so, als würde sie ihren Kopf auf Händen tragen, und ein Junge namens Ben streckt beim Gehen besonders auffällig seine muskulösen Beine vor. Ich begnüge mich mit meiner Hand, die ist eigentlich ganz nett. Mit der Handfläche nach oben halte ich sie in die Runde und schleiche weiter durch den Raum.

»Gut, meine Lieben! Kommt mal in der Mitte im

Kreis zusammen. Wir werden gleich alle zu Boden schauen und auf drei irgendjemand angucken. Treffen sich die Blicke, schreien beide auf und springen aus dem Kreis zurück.«

Es dauert erst mal, bis ich das Ganze überhaupt begriffen habe, doch dann macht es richtig Spaß. Am Ende bleiben Anna und ich übrig. Sie strahlt mich an.

»Na, da haben wir ja zwei Freiwillige gefunden, wunderbar!«

Josy kichert wie ein albernes kleines Mädchen. Frau Maus springt Anna und mir begeistert vor die Füße.

»Jetzt geht es um das Thema Eigenschaften. Geht eine Weile umeinander herum und betrachtet euch. Dann versucht, beim anderen eine Eigenschaft zu finden, die ihr auch besitzt. Stellt sie nacheinander pantomimisch dar. Die Gruppe muss erraten, was gemeint ist.«

Anna und ich umkreisen uns wie zwei Tiger kurz vor dem Angriff. Mir fällt auf, dass Anna eine ähnliche Körperhaltung hat wie ich, mal aufrecht, mal ein bisschen unsicher. Überhaupt sehen wir uns ganz schön ähnlich. Ich kann mir vorstellen, dass auch ihre Füße dazu neigen, sich zu verknoten. Mutig springe ich in die Mitte und versuche, durch unkontrollierte Bewegungen die Eigenschaft »ungeschickt« darzustellen. Es dauert nicht lange, bis Lisa-Marie erraten hat, was ich meine.

Anna stemmt die Hände in die Hüften. »Das ist gemein, das wollte ich auch nehmen!«

Alle klatschen.

Lächelnd zwinkert mir Anna zu. Dann legt sie sich auf den Boden und tut so, als würde sie schlafen. Im nächsten Moment wälzt sie sich von einer Seite zur anderen, öffnet die Augen wieder und legt die Stirn in Falten.

»Schlaflos!«, schlägt Lisa-Marie vor.

»Fast.« Anna macht weiter.

»Nachdenklich!«, ruft Ben.

»Genau!« Anna hüpft in die Luft und reckt den Daumen hoch. Dann blickt sie mich fragend an. »Ja, das hast du gut erkannt. Ich denke oft lange über alles Mögliche nach.«

Der Unterschied ist nur, dass Anna bei allem, was sie hier tut, lässig aussieht. Sie mag ein bisschen ungeschickt und nachdenklich sein, aber auf jeden Fall ist sie cool, einfach liebenswert.

Zum Schluss stellen wir uns im Kreis auf. Frau Maus klatscht in die Hände, ruft »Hepp« und schaut dann zu Ben, der links neben ihr steht. Ben macht es genauso und blickt zu Anna. Nach und nach wandert das »Hepp« im Kreis herum. Erst gelingt es mir ganz gut, im Takt zu bleiben. Doch plötzlich werden wir immer schneller und müssen bei »Hopp« die Richtung wechseln und bei »Boing« einen Mitspieler überspringen.

Bis auf Anna und mich kriegen das alle gut hin. Josy ruft ständig »Hepp«, und ich klatsche, obwohl ich gar nicht dran bin. Anna sagt immer »Hopp«, meint aber »Hepp«. Irgendwann brechen wir alle in Gelächter aus. Normalerweise wäre ich im Boden versunken – aber jetzt fühle ich mich einfach nur sauwohl.

Nach der Stunde kommt Anna zu mir rüber. »Hey, Jill, ich freu mich, dass du jetzt auch dabei bist. Du kommst doch nächste Woche wieder, oder?«

»Ja! Es hat Spaß gemacht.«

Sie baut sich vor mir auf, genau wie ich, wenn ich Paul von einer neuen Idee erzähle.

»Wir könnten uns ja auch so mal treffen. Ich wohne noch gar nicht lange hier.«

»Gern! Bist du in der Neunten?«

»Ja, bei Herrn Kaben. Und du?«

»Ich bin in der Achten bei der Schmehlenberg.«

»Ach, du meine Güte. Über die hab ich schon viel gehört.«

Ich nicke leidend, und wir müssen beide grinsen.

Merkwürdig, dass Josy noch nicht einmal versucht, uns zu stören. Vorsichtshalber nehme ich in Gedanken Kontakt zu ihr auf. Josy, bist du noch da?

Ja. Und?

Hm. Du klingst beleidigt. Soll mir recht sein.

»Worüber denkst du nach?« Annas grün-braune Augen leuchten mir entgegen.

Natürlich erzähle ich ihr nichts von Josy, sonst würde ich sie bestimmt sofort verschrecken.

»Hab nur über die lustigen Übungen nachgedacht, die wir heute gemacht haben.«

»Und da gibt es noch so viel mehr. Manches ist echt schräg.«

Plappernd und lachend machen wir uns auf den Weg zum Bus. Es ist komisch – ich habe den Eindruck, dass ich Anna schon viel länger kenne. Wir sind uns so änlich.

Genau. Anna scheint auch auf Schminken und Mode zu pfeifen. Kein Wunder, dass gerade ihr euch gefunden habt. Das kann ja heiter werden.

Ich strafe Josy mit Missachtung. Es war mir lange schon nicht mehr so egal, was sie denkt.

Anna und ich verabreden uns für nächsten Montag. Wir wollen ein bisschen in der Stadt bummeln.

Und natürlich an den wichtigen Läden vorbeischlendern.

Ich bin bester Laune, als ich nach Hause komme. Es tut gut, etwas gefunden zu haben, was so viel Spaß macht. Da freue ich mich gleich umso mehr auf unser Abendritual. Als ich die Treppe hochgehe, höre ich ein Schluchzen aus Leonies Zimmer. Ich verharre eine Weile lautlos vor ihrer Zimmertür, dann klopfe ich vorsichtig an.

»Leonie?«

Keine Antwort. »Hallo?«

»Komm rein«, antwortet meine Schwester ungewohnt leise.

Leonies Gesicht ist angeschwollen, ihre Augen sind rot verquollen. Nasse blonde Ponyfransen kleben an ihrer Stirn. Die Arme.

»Was ist denn los?«, frage ich und setze mich zu ihr aufs Bett. Leider ahne ich es schon.

Schluchzend bringt sie nur ein Wort heraus. »Patrick.«

Ich streichle über ihren Kopf und mache mich auf die Suche nach Taschentüchern. In Leonies Kommode werde ich fündig.

»Hier.« Ich reiche ihr die Packung. »Ich koch dir einen Schokopudding, okay?«

Leonie nickt, während sie sich die Nase putzt.

Wo sind nur die anderen, wenn man sie braucht? Ich bin bei so etwas einfach nicht besonders gut. Deshalb bin ich richtig erleichtert, als meine Mutter und Chloe endlich nach Hause kommen.

Mamas Stirn legt sich in Falten. »Schokopudding? Was ist denn passiert?«

Ich deute an, dass es etwas mit Patrick zu hat, und Chloe stürmt sofort die Treppe hoch.

»Hab ich es doch gleich gewusst«, murmelt Mama vor sich hin.

Ich bin froh, dass ich mit so etwas nichts zu tun

hab – verliebt sein, Liebeskummer haben und so, meine ich. Da ist es doch mit Paul viel entspannter. Und vielleicht werde ich bald sogar eine beste Freundin haben! Wenn ich an Anna denke, bekomme ich sofort gute Laune.

Ich hoffe, dass ich Leonie sehr bald wieder damit anstecken kann. Oder dass ihr wenigstens mein Schokopudding hilft.

12

PAUL. Irgendwie ist er so verändert in letzter Zeit. Früher hat er mir immer aufmerksam zugehört, doch jetzt wirkt er oft abgelenkt. Als ich ihm in der Schule von Anna und dem Improtheater erzähle, sagt er kaum was, außer dass es ihn freut. Von der Freude ist allerdings nicht viel zu spüren.

»Beschäftigt dich irgendetwas? Du bist viel ruhiger als sonst!«

Er überlegt eine Ewigkeit, dann hellt sich seine Miene auf. »Stell dir vor, mein Onkel Leonard ist aus Italien zurückgekehrt.«

»Der Maler? Echt? Der war doch so erfolgreich dort und hatte sogar ein eigenes Atelier!«

»Ja, aber er hatte trotzdem immer den Wunsch, irgendwann wieder in seine Heimat zurückzukehren. Und bei ihm geht immer alles schnell. Er hat hier bereits ein Atelier aufgemacht, aber es gibt noch einiges zu tun. Ich helfe ihm natürlich. Hast du vielleicht Lust, am Samstag mit zu seiner Vernissage zu kommen?«

»Vernissage?«

»Ja, zur Eröffnungsfeier von Leonards Ausstellung.«

»Sehr gern! Du hast immer so viel von ihm erzählt. Dann kann ich ihn endlich kennenlernen.«

»Oh, klasse!« Paul freut sich. Sein Lächeln verschwindet jedoch schlagartig, als wir Amy auf der anderen Seite des Schulhofes entdecken. Paul wirft ihr vernichtende Blicke zu. Seine Wangen röten sich. »Jill, ähm, du hast nicht zufällig schon ans Schwarze Brett geguckt, oder?«

»Nee, warum? War da was Interessantes für meine Liste?«

Pauls Gesicht nimmt die Farbe einer überreifen Tomate an.

»Nein … ach, schon gut.«

»Wie, schon gut? Was war denn da?«

Paul guckt wieder böse in Amys Richtung. »Du wirst es ja so oder so erfahren. Amy hat sich was einfallen lassen. Dieses Mal ist sie echt zu weit gegangen.« Er kramt umständlich einen Zettel aus seinem Rucksack und reicht ihn mir verlegen.

Auf dem Zettel hat Amy ein Foto von Paul und mir aufgeklebt. Eigentlich sind es zwei verschiedene Bilder, aber so, wie sie die Fotos arrangiert hat, sieht es aus, als würden wir uns küssen. Darüber hat sie lauter knallrote Herzen gemalt und in Schönschrift **Paul liebt Jill** geschrieben. Ich kann mir ein Lachen nicht verkneifen.

»Ach, Paul, die ist doch nur eifersüchtig! Wie gern würde sie deine Freundin sein. Du wirst dich doch über solch einen Kindergartenkram nicht aufregen, oder?«

Jetzt guckt Paul nicht nur Amy, sondern auch mich böse an. »Die soll dich einfach in Ruhe lassen.« Sein Gesicht ist noch immer sehr gut durchblutet.

»Jedenfalls lieb von dir, dass du das gleich abgenommen hast. Wir können ja auch mal eine Collage für Amy anfertigen. Obwohl, eigentlich ist so ein Quatsch echt nicht mein Niveau.«

In diesem Moment nähert sich Amy mit den *Its* im Schlepptau.

Paul verspannt sich.

»Hey, Amy, lieb, dass du für uns gebastelt hast!« Ich nehme Pauls Hand, die sich angenehm warm anfühlt. »Nun müssen wir es nicht mehr allen erzählen.«

Völlig entgeistert starren mich Paul und Amy an. Während Paul sich aus meinem Griff befreit, macht Amy wortlos auf dem Absatz kehrt. Ich höre, wie sie aufgeregt mit den *Its* tuschelt.

»Was sollte das denn?«, fährt Paul mich an. Er ist richtig sauer.

Vielleicht hat er Angst, dass Kate etwas davon mitbekommen könnte?

»War doch nur ein Spaß, um sie zu ärgern.«

In dem Moment klingelt es. Ohne sich noch einmal umzublicken, stürmt Paul ins Schulgebäude.

Ich verstehe die Welt nicht mehr.

Nach der Schule warte ich auf ihn.

»Tut mir leid wegen vorhin. Ich hatte keine Zeit, die kleine Aktion mit dir abzusprechen. Bist du noch sauer?« Ich schenke Paul ein Lächeln wie aus der Zahnpasta-Werbung.

Er versucht, nicht darauf einzugehen, aber es gelingt ihm nicht. Seine Mundwinkel wandern nach oben.

»Nein, natürlich nicht. Diese Amy nervt mich nur einfach ab.«

»Wann ist denn diese Vernissage? Soll ich dich abholen?«

»Es fängt um siebzehn Uhr an. Am besten holen wir dich ab – das Atelier ist am Stadtrand. Meine Mutter fährt mit dem Auto, dann können wir dich gleich mitnehmen.«

Als ich Mama und meinen Schwestern erzähle, dass ich eine Vernissage besuchen werde, sind sie ganz beeindruckt. Leonie geht es zum Glück etwas besser, doch es fällt auf, dass das Telefon deutlich weniger klingelt. Sie hat uns immer noch nicht erzählt, was Patrick eigentlich gemacht hat. Auf jeden Fall sind die beiden nicht mehr zusammen, sondern »machen eine Pause«. Was auch immer das genau bedeutet.

Ich weiß wirklich nicht, was ich zu der Vernissage anziehen soll. Schließlich rufe ich Paul an, um ihn zu fragen. Ich möchte mich ja nicht blamieren. Mein bester Freund rät mir zu einem eleganten Kleid.

Oje, dann solltest du lieber in Amys Kleiderschrank suchen.

Ach, Josy. Mach dir mal keine Sorgen, ich find schon was.

Wozu habe ich denn zwei große Schwestern? Leonie leiht mir ein Kleid, das mir erstaunlich gut steht. Ich hätte nie gedacht, dass die Farbe *Plum*, also Pflaumenblau, zu mir passen könnte. Meine Schwester meint, dass ein schlichtes Cocktailkleid eine gelassene Eleganz ausstrahlt. Ich glaube, Leonie hat einfach zu viel in Modekatalogen geblättert.

Gelassene Eleganz ... ich muss sagen, heute überraschst du mich! Aber wie wäre es denn mit Wimperntusche?

»Falls es dir noch nicht aufgefallen ist, Josy, die habe ich bereits aufgetragen.«

Warum sieht man sie dann gar nicht?

»Weil ich durch natürliche Schönheit glänze.« Wieder ein Satz, den ich gemeinsam mit dem Kleid von Leonie geliehen habe. Josy ist baff und hält vorerst die Klappe.

Paul und seine Mutter stehen um Viertel nach vier vor der Tür.

»Jill, du – «, beginnt Paul.

Doch seine Mutter unterbricht ihn: »Mensch, Jill, du siehst aber hübsch aus!«

Sie selbst trägt ein dunkelgrünes Kleid, das ihr bestens steht. Paul ist auch schick. Er hat ein weißes Hemd zu seiner Jeans an. So habe ich ihn noch nie gesehen.

Auf dem Weg zum Atelier erzählt uns Pauls Mutter Onkel Leonards ganze Lebensgeschichte. Immer wieder setzt Paul an, etwas zu sagen, aber er kommt nicht zu Wort. Ich erfahre, dass Leonards Eltern nach Italien ausgewandert sind, als er noch klein war. Später hat er es an eine renommierte Kunstschule geschafft. In Italien ist er sogar richtig bekannt. Ob er in Deutschland auch Erfolg haben wird oder ob er sich sogar schon einen Namen gemacht hat, jedenfalls unter den Kennern?

Das Atelier liegt in einem alten Fachwerkhaus mit vielen kleinen Fenstern. Die Straße ist schon völlig zugeparkt. Als wir die Räume durch eine schwere Eichentür betreten, stehen überall Grüppchen von Menschen, die sich angeregt unterhalten. Einige Besucher haben sich vor den Bildern an der Wand versammelt. Mit einem Glas Sekt in der Hand betrachten sie die großen Gemälde. Im Raum riecht es nach altem Holz.

Von allen Seiten strömen die verschiedensten Farben auf mich ein und bewirken, dass es in meinem Bauch prickelt. Ich bin plötzlich sehr aufgeregt. Leonard malt Landschaften, die in magisches Licht getaucht sind, nachdenklich wirkende Menschen und abstrakte Bilder, die durch die Zusammensetzung der Farben entweder sofort gute Laune machen oder traurig stimmen.

»Mensch, Paul, diese Bilder gefallen mir richtig gut!«

Mein bester Freund richtet sich stolz auf, als hätte er sie selbst gemalt.

Ein Kellner geht mit einem Tablett herum und bietet Paul und mir Orangensaft an, seiner Mutter Sekt. Um Punkt fünf taucht plötzlich ein Mann hinter einem Vorhang auf. Er ist braun gebrannt, hat kurze grau melierte Haare und freundliche Augen. So, wie er gestikuliert, erinnert er mich sofort an Signore Puccini.

»Meine sehr geehrten Damen und Herren. Ich freue mich, dass Sie so zahlreich erschienen sind und mir den Start hier in Deutschland durch Ihr Interesse versüßen.« Seine Stimme ist tief und strahlt Ruhe aus. Er erzählt über seine Bilder, die verschiedenen Stile und seinen Wunsch, die Menschen durch seine Malerei zum Nachdenken und Träumen anzuregen.

»Für Fragen stehe ich Ihnen jetzt zur Verfügung.

Vielen Dank!« Die Zuhörer applaudieren, und Onkel Leonard verbeugt sich kurz.

Kaum hat er ausgeredet, stürzen sich mehrere Journalisten mit Kamera und Notizblock auf ihn sowie zwei Pärchen, die scheinbar nur darauf gewartet haben, ihn mit ihren Fragen zu löchern.

Paul seufzt. »Da müssen wir uns wohl etwas gedulden.«

Wow! Ich frage mich, wie es sich anfühlt, so gefragt zu sein. Es muss einfach wunderbar sein.

In einem zweiten, etwas kleineren Raum hängen noch mehr Bilder. Manche Landschaftsporträts sehen aus wie Fotos. Wie hat Leonard das nur gemacht? Man wird in eine andere Welt gezogen.

»Hey, du hast ja eine krasse Gänsehaut!« Paul zeigt auf meinen Arm.

»Ja, ich finde das echt faszinierend! Ich hatte mir alte, verstaubte Ölschinken vorgestellt, aber das ist so anders, einfach besonders!«

»Mein Onkel ist auch ganz besonders. Obwohl wir uns nicht oft gesehen haben, hatten wir immer Kontakt. Er ist mir sehr wichtig.«

Kein Wunder, dass Paul in letzter Zeit oft so nachdenklich wirkte. Dabei hätte er mir doch erzählen können, dass sein Onkel aus Italien zurückkommt. Dann hätten wir uns gemeinsam darauf freuen können.

Ich nippe an meinem Orangensaft und bestaune

eine Acrylzeichnung. In dem Moment betritt Leonard den Raum, dicht gefolgt von einer kleinen Traube Menschen.

»Komm!«, ruft Paul mir zu. Schwungvoll zieht er mich zu seinem Onkel herüber.

Als ich direkt vor Leonard stehe, erscheinen mir seine Augen selbst wie ein abstraktes Gemälde. Sie sehen aus, als hätte man die Farben Grün, Blau und Gelb miteinander vermischt. Noch nie zuvor habe ich solche Augen gesehen.

»Onkel Leonard, das ist Jill.«

»Jill, wunderbar, dass wir uns kennenlernen. Ich habe schon viel von dir gehört!«

Paul guckt verlegen zu Boden.

»Ich hoffe, ihr amüsiert euch?«

»Und wie! Ich mag Ihre Bilder sehr! Ich kann von all den Farben gar nicht genug bekommen.« Während ich das sage, wird es ganz warm in meinem Bauch. Ich bemerke erst nach einer ganzen Weile, dass ich unruhig hin und her trippele.

»Ah, Jill.« Leonard betrachtet mich ganz genau. »Irgendetwas passiert mit dir, nicht wahr? Ich kenne diesen Gesichtsausdruck. Genauso geht es mir beim Malen, wenn ich in andere Welten abtauche und mich von den Farben entführen lasse.« Er macht eine schwungvolle Bewegung mit dem Arm, als würde er einen Pinsel führen. »Vielleicht willst du es mal selbst probieren?«

»Selbst probieren?«

Paul baut sich stolz neben Leonard auf. »Mein Onkel gibt auch Malunterricht.«

»Und Sie würden **mir** Stunden geben?«, frage ich atemlos.

»Warum denn nicht? Den ersten Schritt hast du bereits gemacht, indem du dich der Welt der Farben geöffnet hast, wenn auch noch nicht bewusst. Aber solch eine Gänsehaut bekommt man nicht alle Tage.«

Leonard erinnert mich an den Magier, der mal zu einem Fest in unsere Grundschule kam. Der hat mich damals so fasziniert, dass ich immerzu an ihn denken musste.

»Hier, ich gebe dir meine Visitenkarte, und dann kannst du es dir überlegen. Ich würde mich jedenfalls sehr freuen.«

Ein Mann, der bis eben geduldig gewartet hat, drängelt sich zwischen uns. »Darf ich Sie etwas zu dem Bild dort drüben fragen, genauer gesagt zur Perspektive?«

Leonard zwinkert uns zu. »Entschuldigt mich.«

Das gibt es doch gar nicht. Jemand, der solche Bilder malen kann, bietet mir an, mich zu unterrichten! Das einzige Kunstwerk, das ich in letzter Zeit geschaffen habe, war das Paris-Bild für Chloes Gutschein. Da hab ich mich nicht so gebremst gefühlt wie im Kunstunterricht in der Schule und einfach mal drauflosgekritzelt. Mama und Leonie waren jedenfalls sehr beeindruckt von meiner Zeichnung.

Mir fällt das Konto ein, das Mama für mich einrichten wollte, wenn ich etwas finde, »für das ich brenne«. Damals wusste ich nicht genau, was sie damit meint. Aber ich glaube, jetzt weiß ich es.

13

ALS ICH MAMA von Onkel Leonard und dem Malunterricht erzähle, sieht sie mich prüfend an. »Du strahlst ja richtig. Das freut mich! Geh doch erst mal zur Probestunde, dann schauen wir, wie es dir gefällt und ob du dranbleiben möchtest.«

Ich rufe Leonard gleich am Samstag an und mache ein Treffen für nächsten Mittwoch aus. Paul will auch mitkommen. Es gibt einen Bus, der zwar eine Dreiviertelstunde fährt, aber in der Nähe des Ateliers hält. Leonard wird uns an der Haltestelle abholen. Wenn Chloe ihren Führerschein hat, könnte sie mich vielleicht in Zukunft fahren. Oder ich frag Papa.

»Patrick hat eine andere. Er hat mir noch nicht einmal etwas gesagt. Ich habe ihn in der Stadt mit ihr gesehen, so eine langbeinige Schönheit mit langen braunen Haaren«, platzt es aus Leonie heraus.

Es ist Sonntag, und wir haben gerade gefrühstückt. Chloe ist auf dem Sprung zu einem Handballspiel, und Mama will einen Kuchen für eine Verabredung mit einer Freundin backen.

Erschrocken setzt Chloe sich wieder hin und rückt näher an Leonie heran. »Das gibt es doch nicht, oder? Was hat er gesagt, als du ihn darauf angesprochen hast?«

Eine dicke Träne bahnt sich ihren Weg über Leonies Wange, allerdings ist es eine Wutträne, wie man am Gesichtsausdruck meiner Schwester unschwer erkennen kann.

»Der feige Vollidiot. Er hat gesagt, es wäre nur eine Freundin. ›Und die küsst man so mitten in der Stadt?‹, habe ich gefragt. Daraufhin hat er vorgeschlagen, dass wir vielleicht unsere Pause verlängern sollten.«

Chloes Augen blitzen. »Der will wohl erst ausprobieren, wie es mit der anderen Tussi läuft. Ich sage lieber nicht, was ich am liebsten mit ihm machen würde.«

Dieses Mal rinnt eine Wutträne aus Leonies anderem Auge. »Ich hätte mir gleich denken können, wie der tickt, schon als er über deinen Sturz bei der Party gelacht hat, Jill.«

Wortlos blickt meine Mutter wie bei einem Tennisspiel zwischen Leonie und Chloe hin und her. Endlich hat sie ihre Sprache wiedergefunden. »Das tut mir leid, meine Süße. So darf niemand mit dir umgehen.«

Leonie wendet sich mir zu. »Sei froh, dass du noch keinen Freund hast. Ist echt einfacher.«

Bestimmt hat sie recht. Obwohl ich manchmal darüber nachdenke, wie es wäre, einen Jungen zu küssen und so. Also, nicht irgendeinen …

Da Chloe und Mama etwas vorhaben, machen Leonie und ich uns einen gemütlichen Sonntag. Es scheint Leonie gutgetan zu haben, uns von der Sache mit Patrick zu erzählen, denn endlich lächelt sie wieder.

»Was ist eigentlich mit dir und Paul? Ist der wirklich nur ein guter Freund?«

Wir sitzen zusammen auf der Couch und essen Salzstangen.

»Wie meinst du das?«

»Nun ja, ihr verbringt viel Zeit miteinander, er sieht gut aus, er mag dich …«

So viel ist klar, sie sind kein Liebespaar! Das wär wohl auch ein Wunder bei dem Klamottenplunder! Die Jill, ja, die ist einfach blind, benimmt sich wie ein kleines Kind.

Reimen ist Josys neueste Masche. Gestern als ich einschlafen wollte, hat sie damit angefangen. Wenn das nicht bald aufhört, raste ich aus.

Es ist ja nicht so, dass ich noch nie dran gedacht hätte, wie es wäre, mit Paul zusammen zu sein. Ich konnte aber nie länger darüber nachdenken, denn es kam mir immer schnell komisch vor.

»›Nur mein Freund‹ ist gut. Der beste, den man sich vorstellen kann. Ich will nicht, dass sich das ändert. Du hast ja selbst gesagt, dass es einfacher so ist.«

Leonie seufzt. »Du hast recht. Versteh einer diese komischen männlichen Wesen. Ich tue es nicht und will es auch erst mal nicht.«

Montag nach der Schule treffe ich Anna in der Fußgängerzone. Unglaublicherweise tragen wir fast die gleichen Klamotten.

Wenn Anna übers ganze Gesicht strahlt, hebt sich ihre Nase ein Stückchen. Auch ich freue mich sehr, sie zu sehen. Es ist kein bisschen komisch, dass wir zusammen bummeln gehen, auch wenn wir uns eigentlich kaum kennen.

»Der Schmuckladen an der Ecke hat Ausverkauf, habe ich gelesen! Wollen wir da als Erstes hin?« Anna deutet die Straße hinunter.

»Gerne! Vielleicht finden wir da was Schönes!«

Wir stöbern in dem winzigen Laden, der so voll ist, dass man Platzangst bekommen könnte.

»Oh, wow! Guck mal, Jill!« Anna legt sich eine Kette mit einem riesigen dunkelblauen Engelanhänger um den Hals.

»Der passt perfekt zu deinem Shirt!« Ich schaue auf das kleine Preisschild. »Hey, acht Euro, kein schlechter Preis!«

Anna hält den Anhänger in ihrer Hand und betrachtet den Engel von allen Seiten. »Den muss ich mitnehmen.«

Ich sage nichts dazu. Gar nichts. Nein, kein Wort. Doch eins. Out!

Ich lache innerlich laut auf. Wen interessiert denn das?

Nachdem wir in mindestens zehn Geschäften waren, Anna noch ein paar Haarspangen und ich ein Buch über Malerei gekauft habe, suchen wir uns glücklich einen Tisch in einem Eiscafé.

Anna erzählt, dass sie letzte Woche eine Nachhilfestunde gegeben hat, um sich mal wieder ein paar neue Sachen zu gönnen.

»Kettenanhänger inspirieren mich. Man hat sie immer dabei, das ist das Beste. Wenn ich mich mal allein fühle, nehme ich einfach den Anhänger in die Hand. Dann geht es mir gleich besser.«

»In welchen Fächern gibst du denn Nachhilfe?«

»In Englisch zum Beispiel. Mein Vater ist Engländer, und ich bin zweisprachig aufgewachsen. In Sprachen bin ich total gut, aber in Mathe … kein Kommentar.«

Also hat auch Anna etwas, worin sie richtig gut ist. Doch diesmal spüre ich keinen Stich im Herzen wie sonst immer. Jetzt macht es mir eher gute Laune. Ich freue mich für Anna und muss an den Abend bei

Leonard denken. Vielleicht kann ich bald erzählen: »Und ich kann sehr gut malen.«

In diesem Moment schlendert ein verliebtes Pärchen Hand in Hand an unserem Tisch vorbei. Das gibt es doch nicht! Mir klappt der Mund auf und will gar nicht wieder zugehen. Patrick hat seinen Arm um die Taille eines Mädchens gelegt, das ihren Blick nicht von ihm lassen kann. Es ist Grazia vom Chor. Diese arrogante Schlange. Erst himmelt sie den bekloppten Chorleiter an, und dann macht sie sich an den Freund meiner Schwester ran. Unglaublich. Am liebsten würde ich den beiden etwas hinterherrufen, doch sie sind schon wieder außer Sichtweite.

»Hey, Jill, alles klar?«

Ich erkläre Anna die Situation. Sie zieht die Augenbrauen hoch. »Weißt du was? Für deine Schwester ist es sicher ein Glück. Patrick und diese Grazia passen bestimmt sehr gut zusammen, wenn sie beide eingebildet und falsch sind.« Sie zwinkert mir zu.

Die Stunden mit Anna vergehen viel zu schnell. An der Haltestelle müssen wir in verschiedene Busse steigen. Annas Bus kommt zuerst. »Bis morgen, Jill, wir sehen uns beim Improtheater!«

Ich winke, bis der Bus nicht mehr zu sehen ist.

Nach dem Abendessen wasche ich ab und denke über den Tag nach. Dabei fällt mir auf, dass Josy heute sehr zurückhaltend war. Sie hat sich kaum zu Wort gemeldet.

Josy, bist du krank? Josy? Hm. Komisch.

Frau Maus ist am Dienstag in Höchstform. Kaum sind alle da, geht es mit der ersten Übung »30-Sekunden-Geschichte« los, ohne dass man überhaupt nur einen Moment Zeit zum Nachdenken hat. Sofort springt Lisa-Marie auf die Bühne und beginnt spontan, etwas zu erzählen. Nach einer halben Minute (Frau Maus hat die Uhr im Blick) klatscht sie mit mir ab, und ich muss ihre Geschichte fortsetzen. Ich spüre, wie es dunkel wird in meinem Kopf. Ich stehe da und stottere. Mir will einfach nichts einfallen. Totale Leere.

Leer, leer, leer, Mensch, Jill, das ist doch gar nicht schwer!

Von wegen krank. Josy hat nur in einem Hinterhalt meines Kopfes gelauert, um mich bei passender Gelegenheit mit ihren Gemeinheiten zu überfallen.

Plötzlich stürmt Anna auf die Bühne, ihr Engelanhänger wippt hin und her. Sie erzählt die Geschichte weiter, als wäre es ihre eigene. Alle klatschen.

»Genau so! Das habt ihr prima gemacht, Mädels! Wenn einer mal nicht weiterweiß, springt jemand anders ein. Da ist doch eine herrliche Geschichte entstanden! Und auch du warst Teil davon,

Jill. Deine Sprachlosigkeit hat Anna beflügelt. Und nächstes Mal ist es vielleicht umgekehrt, dann hilfst du aus.«

Anna lächelt mich an, und Lisa-Marie klopft mir aufmunternd auf die Schulter. Schon geht es weiter mit der nächsten Übung. Zum Abschluss der Stunde soll jeder von uns ein Zweizeiler-Spontangedicht erfinden, es laut in den Raum rufen und dabei irgendein Wort aufgreifen, das die Person vor uns benutzt hat.

»Endlich schwimme ich im See, ein Fisch zwackt mir in den Zeh«, macht Ben den Anfang.

Zu seinem Gedicht fällt mir sofort etwas ein. »Josy, sei doch endlich leise, ich mach es halt auf meine Weise!«

Anna fährt fort: »Weise wär ich auch sehr gerne, doch das liegt in weiter Ferne.«

Als alle dran waren, ist ein geniales Kettengedicht entstanden. Frau Maus ist völlig aus dem Häuschen. »Ihr seid großartig!« Sie klatscht lautstark in die Hände. »Bis zur nächsten Woche!«

Es prickelt in meinem Bauch, als mir klar wird, wie sehr ich bereits zu dieser Gruppe gehöre. Wahrscheinlich ist unser Kurs kein Sprungbrett für eine große Schauspielkarriere – aber was soll's? Viel toller ist, dass ich mich hier so wohlfühle.

Auf dem Weg zum Bus fragt mich Anna, wer denn Josy sei.

Ich zögere, doch dann erzähle ich ihr alles über sie. Außer Paul habe ich bisher noch niemandem von meinem Kopfgirlie erzählt. Plötzlich sprudelt es nur so aus mir heraus. Am Ende lachen wir gemeinsam über Josy. Ich bin sehr erleichtert, dass Anna mich nicht für verrückt hält.

Bitte, aufhören! Mir ist schwindelig!

Erstens klang das echt kläglich, und zweitens hat Josy noch nie Bitte gesagt. Was ist denn nur los? Da kann man ja richtig Mitleid bekommen.

14

VOR DEM TREFFEN mit Leonard bin ich so aufgeregt, dass es in meinen Ohren puckert. Ich bin froh, dass Paul mitkommt. Vielleicht kann er mich davor bewahren, vor lauter Aufregung eine Staffelei mit einem wertvollen Bild umzureißen. Um mich abzulenken, erzähle ich Paul im Bus von Anna, unserem Stadtbummel und dem Improtheater.

»Freut mich, dass du nicht nur ein neues Hobby, sondern auch eine neue Freundin gefunden hast«, sagt Paul lächelnd.

»Ja, nicht? Wir wollen uns in Zukunft auch in den Pausen treffen«, verkünde ich glücklich.

»Ach, wirklich?«, fragt Paul und klingt alles andere als begeistert. »Ich meine, das ist ja … toll.«

»Ich könnte sie dir morgen mal vorstellen. Und wie wäre es, wenn wir am Wochenende ins Kino gehen?«

»Kommt Anna dann auch mit?«

»Wir können auch allein gehen, wenn du willst.«

Jetzt strahlt Paul wieder.

An der nächsten Station müssen wir aussteigen, und schon beginnt mein Herz wieder zu rasen.

Leonard, der schon im Haltestellenhäuschen wartet, winkt uns zu. »Schön, euch zu sehen!« Er gibt mir strahlend die Hand und umarmt Paul. »Mein Auto steht auf der anderen Straßenseite. Kommt mit!«

Es ist wunderbar, wieder im Atelier zu sein. All die Farben und Bilder machen mir sofort gute Laune und lassen es in meinem Bauch warm werden. Es ist ein bisschen wie mit Leonies Schokoladenpudding. Im kleineren der beiden Ausstellungsräume hat Leonard zwei Tische aufgestellt. Auf einem liegt ein Apfel, daneben Bleistifte, Pinsel, Farben und große Bögen weißes Papier.

»Ich geh dann mal nach nebenan und bau dir den Eckschrank auf, wie versprochen.«

»Das ist lieb von dir, Paul. Bei mir würde das bestimmt dreimal so lange dauern.« Dann wendet Leonard sich mir zu. »Nimm Platz, Jill.«

Unsicher lasse ich mich an dem großen Holztisch nieder. Was es wohl mit dem Apfel auf sich hat? Leonard setzt sich an den kleinen Tisch schräg gegenüber.

»Also, dann wollen wir mal. Bitte nimm den Apfel in die Hand. Aber nicht reinbeißen!« Leonard lächelt verschmitzt. »Guck ihn dir an. Ganz genau, von allen Seiten. Fühle seine Oberfläche, nimm seinen Geruch wahr und versuche, Besonderheiten zu finden.«

Ich folge Leonards Anweisungen. Na ja, ein Apfel eben. Doch je länger ich ihn betrachte, desto mehr habe ich das Gefühl, noch nie zuvor einen Apfel gesehen zu haben. Mir ist bisher nicht aufgefallen, wie rund und glatt er ist. Und dass er dort, wo sich Grün und Rot mischen, wie ein bunter Sternenhimmel aussieht. An der Unterseite entdecke ich zwei braune Stellen, eine klein und länglich, die andere rund und dunkler.

»Nun ist es an der Zeit, den Apfel aufs Papier zu bringen. Leg ihn vor dir auf den Tisch. Fang am besten mit einem Bleistift an. Einfach drauflos, ohne lange nachzudenken. Bleib erst mal bei diesem konkreten Apfel. Doch wenn du merkst, dass du das Ganze mit Farben unterstützen oder etwas ergänzen möchtest, dann experimentier ruhig. Benutz dazu auch die Wasser- und Acrylfarben, bis du die Töne hast, die dir vorschweben. Breite dich gerne über den ganzen Tisch aus.«

Onkel Leonard hat so ein strahlendes Lächeln, dass man sich augenblicklich gut fühlt. Im Kunstunterricht hasse ich diese Momente eigentlich, wenn es heißt, wir sollen einfach mal loslegen. Da habe ich meistens das Gefühl, dass ich es sowieso nicht hinbekomme. Hier ist alles auf einmal ganz anders.

Ich schaffe es wirklich, anzufangen, ohne groß zu überlegen. Meine Hand fliegt wie von selbst über das Papier, mit mir daneben als stille Beobachterin.

Ich skizziere den Apfel in verschiedenen Größen und aus unterschiedlichen Perspektiven. Irgendwann zeichne ich sogar eine Ameisenstraße, die direkt über mein mittlerweile grün-rotes Prachtstück marschiert. Erst als Leonard sich räuspert und Paul mit großen Augen vor mir steht, fällt mir auf, dass ich total die Zeit vergessen habe. Ich lege den Stift zur Seite und betrachte meine Uhr, die ich an den Rand des Tisches gelegt hatte. Es ist schon sechs Uhr – aber das kann doch gar nicht sein! Niemand sagt ein Wort. Das Ticken meiner Uhr ist das einzige Geräusch im Raum, bis Leonard seinen Stuhl zu mir heranrückt.

»Jill, was soll ich sagen.«

Vielleicht, dass dies die erste und auch die letzte Stunde war?

»Ich bewundere es, dass du dich gleich so prima auf die Übung einlassen konntest! Da ist ja richtig was ins Rollen gekommen. Toll, wie du ganz und gar in deiner eigenen Welt versunken bist.«

Was soll er auch sagen. Ein Meisterwerk ist dieser lächerliche Apfel jedenfalls nicht.

Vielleicht ist es das nicht, aber irgendetwas ist passiert. Selten hat mir etwas so viel Spaß gemacht. Durch die Bilder um mich herum, Leonards Art und die Freiheit, die er mir gegeben hat, ist irgendwie ein Knoten geplatzt. Im Kunstunterricht in der Schule war nie Platz für meine eigenen Ideen. Da hieß es immer: »So kannst du das aber nicht umsetzen, Jill. Hör besser zu, was die Aufgabe ist.« Leonard dagegen hat mich von Anfang an ernst genommen.

»Jeder hätte die Aufgabe anders umgesetzt, und das Bild wäre auf seine Weise einzigartig geworden. Beim Malen geht es darum, deinen ganz eigenen Blick zu finden und auszudrücken.«

Paul hört endlich auf zu starren und setzt sich neben mich.

»Ich wollte euch nicht stören, aber ich bin inzwischen mit allem fertig. Unglaublich, wie man sich fast drei Stunden lang mit einem Apfel beschäftigen kann!«

»Drei Stunden? Dann geht meine Uhr richtig?«

Leonard und Paul nicken. Einerseits ist es mir etwas peinlich, andererseits hat das Zeichnen riesig viel Spaß gemacht, sodass ich am liebsten sofort zurück möchte in diese Welt, in der auch Josy völlig verstummt war.

»Ich gebe dir ein paar Aufgaben mit. Komm doch nächste Woche um die gleiche Zeit wieder, wenn du willst.« Leonard reicht mir ein kleines Heft, das er offenbar speziell für mich angefertigt hat. Geschmückt von Bleistiftskizzen und der schönsten Schrift, die ich je gesehen habe, hat er für jeden Wochentag eine Aufgabe für mich notiert. Morgen sind zum Beispiel die verschiedenen Blautöne des Himmels und Wolkenformationen an der Reihe.

»Wichtig ist, weiterhin die Welt um dich herum zu betrachten und sie so oft wie möglich auf dem Papier festzuhalten. Nächste Woche schauen wir uns dann an, was dabei entstanden ist.«

Am liebsten würde ich mich sofort an die erste Aufgabe setzen. Klasse wäre, wenn ich gar nicht mehr zur Schule müsste, dann hätte ich mehr Zeit zum Malen und Zeichnen.

»Ich freue mich riesig auf nächste Woche. Vielen Dank für das schöne Heft. Ich werde bestimmt immer darin arbeiten! Ich wollte aber noch fragen, also, meine Mutter wollte gestern wissen, wie viel eine Stunde Malunterricht eigentlich kostet.« Ich blicke in Leonards dunkle Augen.

Er lächelt. »Wenn es dir und deiner Mutter recht ist, würde ich gerne eine kleine Studie über die Entwicklung von Kreativität verfassen. Du könntest mich dabei unterstützen und vielleicht hier und da ein paar Besorgungen für mich machen. Manchmal komme ich noch nicht mal dazu, die einfachsten Dinge zu erledigen. Als Gegenleistung würde ich dir Unterricht geben.«

Paul springt auf. »Mensch, Onkel Leonard, das klingt spitze! Oder, Jill?«

»Ja. Ich weiß gar nicht, was ich sagen soll. Danke!«

Den ganzen Rückweg über schwärme ich davon, wie toll es bei Leonard war. Noch im Glücksrausch erzähle ich Mama und meinen Schwestern, wie viel Spaß mir das Malen gemacht hat. Die drei reichen meine Bilder von einer zur anderen und albern herum, wie es wäre, mit einer bekannten Künstlerin unter einem Dach zu leben.

Chloe stößt mir ihren Ellbogen in die Seite. »Du musst ganz schnell deine ersten Aufträge an Land ziehen. Dann könntest du mir vielleicht mein erstes Auto spendieren! Da hättest du schließlich auch etwas davon.«

Meine gute Laune hat alle angesteckt.

Am nächsten Tag in der Schule stelle ich Paul Anna vor. Erst beäugt er sie eine Weile kritisch, doch dann verstehen sich die beiden richtig gut. Wir verbringen die Pause zu dritt, und später kommen noch Pauls Freunde Jan und Klaas hinzu.

Fesche Jungs. Hab ich ja schon öfter gesagt. Schade, dass du blind wie ein Maulwurf bist. Du erkennst einfach nicht, welche Schätze da um dich herumstehen.

Die **Schätze** machen mal wieder **lustige** Kommentare darüber, dass Paul so viel mit Mädels abhängt. Doch er hat seine Jungs gut im Griff, sodass sie sich schnell einkriegen.

Amy und die *Its* beobachten uns von Weitem, aber sie trauen sich nicht heran. So könnte von nun an jede Pause verlaufen.

Als Paul mich am Samstag zum Kino abholen will, sitze ich noch über der Aufgabe von Onkel Leonard. Es fällt mir schwer, den Stift abzusetzen, denn mein Wiesenblumenfeld ist noch nicht fertig. Zu gern würde ich noch ein bisschen weiterexperimentieren.

Ich höre, wie Mama sagt: »Ja, geh nur schon hoch. Jill ist noch beschäftigt. Du weißt ja sicher, womit.«

Es klopft an meine Zimmertür.

»Herein!«, rufe ich in majestätischem Tonfall.

Paul kommt grinsend in mein Zimmer. »Wow, Jill, das erinnert mich an das Bild von diesem einen Maler, wie heißt der noch gleich? Van Gogh?«

»Haha.«

»Nee, echt, schöne Farben. Aber jetzt müssen wir langsam los. Ich hab die Karten schon vorbestellt.«

»Welcher Film ist es denn? Läuft da im Moment nicht eine Filmreihe mit den besten Teenie-Komödien der 90er-Jahre? Bestimmt gucken wir also einen älteren Film an.«

Paul zwinkert mir zu und lächelt verschmitzt. »Das verrate ich nicht. Wirst ja sehen.«

Der Kinosaal ist nur zur Hälfte gefüllt. Wir setzen uns in die letzte Reihe, die bis auf einen Jungen und ein Mädchen in Leonies Alter leer ist.

Paul hält mir duftendes Popcorn unter die Nase und strahlt mich an. »Ich lade dich ein.«

»Warum das denn? Ich wollte dich gerade fragen, wie viel Geld du noch bekommst.«

»Weil ich stolz auf dich bin und mich freue, dass es mit dem Malen so gut läuft.«

Der Junge zwei Plätze weiter hat seine Hand auf das Bein des Mädchens gelegt. Sie wirft ihm verträumte Blicke zu.

»Paul, sagst du mir jetzt, was das hier für ein Film ist?«

In diesem Moment wird es dunkel im Saal.

»*Eine wie keine*«, flüstert er mir ins Ohr.

Da bist du ja genau richtig, Jill.

Der Film handelt von einem gut aussehenden und beliebten Jungen, der von seiner Freundin verlassen wird. Daraufhin wettet er mit seinen Freunden, dass er jedes Mädchen erobern und in eine Ballkönigin verwandeln kann. Die Wahl fällt auf ein schüchternes Mädchen, das mehr an ihrer Kunst als an Partys und Schminken interessiert ist.

Paul, Paul, Paul ... Ich habe dich unterschätzt. Was für ein perfekter Film!

Erst können die beiden sich nicht ausstehen, doch dann verlieben sie sich ineinander.

Je weiter der Film fortschreitet, desto unangenehmer werden die Geräusche, die von dem Paar in unserer Reihe ausgehen. Als nur noch ein sonderbares Schmatzen zu hören ist, wage ich einen Blick hinüber und gucke sofort wieder weg. Sie küssen sich innig. Der Film ist ihnen völlig egal. Oberpeinlich.

Nur kein Neid!

Josy, halt einfach die Luft an!

Auch Paul ist nicht entgangen, was neben uns los ist. Plötzlich spüre ich etwas an meiner Schulter. Er hat den Arm auf meine Lehne gelegt. Ich starre ihn an, doch er guckt wie gebannt auf die Leinwand. Meine Haut kribbelt. Ich versuche, mich auf den Film zu konzentrieren. Am besten gefällt mir, dass das Mädchen im Laufe des Films immer selbstsicherer wird. Zum Schluss ist sie kein kleines Mäuschen mehr, das sich auf dem Schulhof verkriecht.

Und mir gefällt am besten, dass sie am Ende des Films eine Ahnung von Fashion bekommen hat. Und endlich mit diesem Typen zusammen ist. Aber nicht dass du auf die Idee kommst, dir auch eine Hornbrille zu kaufen wie Laney am Anfang des Films, Jill!

Meine Augen sind zwar sehr gut, aber genau das hatte ich vor, was denkst du denn? In Knallorange, passend zu dem Nagellack, an den du dich sicher noch erinnerst, du Zicke.

Als das Licht wieder angeht, nimmt Paul blitzartig seinen Arm von meiner Lehne. Er dreht sich zu mir. »Und? Wie fandest du den Film?«

Sein Blick fällt auf das Paar neben uns, das sich

auch vom grellen Deckenlicht nicht stören lässt. Seine Wangen färben sich dunkelrot.

»Ganz nett. Noch toller wäre es allerdings ohne dieses Geschmatze gewesen.« Ich nicke mit einem verächtlichen Blick in Richtung des Paars neben uns. Paul sieht mich an, als hätte ich ihm etwas ins Gesicht gehauen.

Ich stehe auf. »Komm, lass uns gehen!«

Auf dem Rückweg erzähle ich Paul von Josys Unverschämtheiten, doch er antwortet kaum. Er scheint völlig in Gedanken versunken zu sein. Vor unserem Haus tritt er stärker als nötig in die Bremse. Da er nichts sagt, steige ich schon mal vom Fahrrad ab.

»Danke für die Einladung! Echt lieb von dir.«

Er legt den Kopf leicht schief, steigt kurz ab und blinzelt nervös mit einem Auge.

»Also dann. Telefonieren wir morgen, Paul?«

Es dauert eine Weile, bis er endlich antwortet. »Ja, klar. Bis morgen!« Dann schwingt er sich aufs Fahrrad und braust davon.

Als ich allein an meinem Schreibtisch sitze, muss ich die ganze Zeit über den Abend nachdenken. Noch nicht einmal das Malen lenkt mich ab.

Hat Paul schon mal seinen Arm um mich gelegt und lange Zeit nicht wieder weggenommen? Das knutschende Paar neben uns fand er auch peinlich, obwohl er es nicht zugegeben hat.

Wäre es möglich, dass er mehr will als nur ein Freund sein? Und was, wenn ich völlig auf dem Holzweg bin und er mir nur nicht sagen will, dass er sich in Kate verliebt hat? Oder bilde ich mir das alles nur ein?

Seufz.

Josy, was soll das bedeuten?

Seufz.

Du machst mich noch wahnsinnig. Falls du mehr weißt als ich, dann sag es doch!

Ich genieße und schweige.

Wenn ich wirklich mal einen Kommentar von dir brauche, kommt nichts. Auf dich ist eben kein Verlass.

Ich blicke auf meine Blumenwiese. Das Bild gefällt mir gut. Plötzlich erscheint Paul hinter einer feuerroten Blume und winkt mir zu.

15

MEINE WOCHE hat mittlerweile mindestens drei Highlights: die Improtheatergruppe und Zeit mit Anna, Ausflüge mit Paul (zum See, zum Eisessen, in verschiedene Kunstgeschäfte – zum Glück war es seit dem Kino nicht mehr komisch zwischen uns) und natürlich meine Nachmittage mit Onkel Leonard. Meistens fährt Papa mich hin. Ich kann mir gar nicht mehr vorstellen, dass es mal eine ganze Zeit gab, in der ich nichts mit Farben und Bildern zu tun hatte.

Während ich in seinem Atelier sitze und in die Welt der Kunst abtauche, beobachtet Leonard mich und stellt ab und zu Fragen. Dann macht er sich Notizen, die ihm wohl bei seiner Studie weiterhelfen sollen. Vor jedem Treffen telefonieren wir. Dann bekomme ich eine kleine Liste, was ich für Onkel Leonard mitbringen soll. Kaffeepulver, Milch und Snacks zum Beispiel. Es scheint so, als würde er sein Haus nicht oft verlassen. Kann ich verstehen. Wenn ich so ein Atelier hätte, würde ich mich auch völlig darin verlieren.

Mama hat mir vier besonders edle Pinsel gekauft, Papa hat mir neue Farben spendiert, und meine Schwestern bringen mir immer wieder teure Blei- und Kohlestifte von ihren Shoppingtouren mit. Anna hat mir sogar ihre alte Staffelei geschenkt und mit einem Grinsen überreicht. »Bei dir ist die viel besser aufgehoben, van Jill.«

Josy scheint der Rummel um mich nicht gut zu bekommen. Es ist recht leise geworden in meinem Kopf. Sogar wenn ich vor dem Spiegel stehe und mich mal wieder gegen Mascara entscheide, muckt sie nicht auf. Ich habe sie schon mehrmals gefragt, was los ist, aber keine Antwort bekommen.

Nach einem Improtheater-Nachmittag, an dem wir fast die ganze Zeit in Quatschsprache, genannt *Gramelo*, gesprochen haben, fragt Anna mich, ob ich am Freitag Zeit hätte.

»Na klar, was machen wir denn?«

Sie grinst und zieht die Augenbrauen hoch. »Stell dir vor, meine Cousine hat mir zwei Karten für das Konzert eines Popchors geschenkt, da sie an dem Tag keine Zeit hat. Ich glaube, du kennst den Chor recht gut. Ein sogenannter Luca Bright ist der Leiter.«

»Nee, oder? Das ist ja der Knaller. Ich komme also doch noch in den Genuss, die in Aktion zu sehen. Ich weiß allerdings nicht genau, ob ich mich wirklich freuen soll. Und Luca **Bright**? Wie lächerlich.

Den Namen hat er sich wohl selbst gegeben. Leider ist der Name da nicht Programm.«

»Ach komm, Jill, das wird ein Spaß!«

Ich gebe Anna in *Gramelo* zu verstehen, dass ich es kaum erwarten kann. Sie lacht so laut, dass die Schmehlenberg, die gerade auf dem Flur an uns vorbeiläuft, zusammenzuckt.

Grazia und Co. treten im großen Kultursaal des Rathauses auf. Ich kann mir vorstellen, wie es hinter den Kulissen zugehen muss: Die Sopranos singen sich zum fünfzehnten Mal ein; Luca stolziert ganz **bright** um seine Sängerschar herum.

Unsere Sitzplätze befinden sich in der dritten Reihe. Ich hatte eher gehofft, dass wir ganz hinten sitzen. Noch dazu sitzt Patrick schräg vor uns. Am liebsten würde ich wieder gehen, doch Anna schafft es zum Glück, mich zum Lachen zu bringen.

»Wenn die gut sind, melden wir uns an, was meinst du?«

»Ja, genau, und dann treten wir in den Luca-Bright-Fanklub ein und stehen immer in der ersten Reihe, komme, was wolle.«

Wir kichern, was bei Anna manchmal wie ein Grunzen klingt. Patrick dreht sich zu uns um. Ich werfe ihm einen frostigen Blick zu, und er schaut sofort wieder nach vorn.

Der Vorhang öffnet sich, und Luca Bright springt

auf die Bühne. Seine Schleimtolle ist dermaßen hochgestylt, dass man denken könnte, sein Friseur hätte ihm einen Streich gespielt.

»Sehr geehrtes Publikum, ich freue mich, Ihnen heute eine Auswahl unserer in den letzten Monaten erarbeiteten Lieder vorstellen zu dürfen. Genießen Sie die bezaubernden Stimmen und Talente – und wenn es Ihnen gefällt, dann erzählen Sie es weiter!« Er lacht sein irres Lachen, und im Publikum entsteht eine peinliche Stille.

Der Pianist spielt ein Intro, bevor Lara, die »Einsingerin«, in silbernem Glitzerkleid die Bühne betritt und mehrmals geheimnisvoll *Shine bright like a diamond* singt. Anna rutscht auf ihrem Stuhl hin und her. Ich würde nicht ausschließen, dass sie gleich einen Lachanfall bekommt.

Da hättest du auch stehen können, wenn du nicht so schnell aufgegeben hättest.

Josy? Bist du es? Ich dachte schon, du wärst in einen verfrühten Winterschlaf gefallen. War es dir nicht ganz recht, dass ich nicht mehr zu den Proben wollte? Hintertür und so?

So ein Glitzerkleid würde dir sowieso nicht stehen.

Stimmt, das würde es nicht, genauso wenig wie Lara, die mir gerade echt leidtut. Es sieht so aus, als würde sie sich gar nicht wohlfühlen. Als der Chor einsetzt, lockert sich die Stimmung, und auch Anna entspannt sich. Beim letzten Lied des Abends hat Grazia sogar ein Solo ergattert, das zwar nicht schön klingt, aber bei Patrick für wahre Begeisterungsstürme sorgt. Nachdem die letzten Töne des Lieds verklungen sind, springt er auf und wirft ihr Luftküsse zu. Kaum hat sich der Chor verbeugt, sprintet er so schnell zu Grazia auf die Bühne, dass er dabei einen Notenständer umreißt. Die Notenblätter segeln zu Boden, und die Altsängerin, die wirklich toll war, flucht wütend.

Patrick will Grazia gar nicht mehr loslassen. Was hat sie nur mit ihm angestellt, dass er plötzlich so peinlich ist? Meint Mama das, wenn sie »jemandem den Kopf verdrehen« sagt? Wahrscheinlich wurde er dann auch nicht wieder richtig angeschraubt.

»Das ist doch eigentlich **mein** Job! Etwas umreißen, meine ich.« Ich grinse Anna an.

»Ach, das kannst du ruhig mal den anderen überlassen. So eine lustige Show habe ich schon lange nicht mehr gesehen. Ich werde meiner Cousine doppelt und dreifach dafür danken. Jetzt aber raus hier, oder? Ich will endlich laut lachen dürfen!«

Wir lassen den Abend im Eiscafé ausklingen. Erst als wir bezahlen wollen, schalte ich mein Handy wieder an und entdecke eine SMS von Paul.

Hallo, Jill, könntest du mich bitte mal anrufen? Danke und bis dann, Paul.

Anna lehnt sich neugierig zu mir herüber.

»Paul«, erkläre ich.

»Dachte ich mir. Ihr seid echt gute Freunde – oder sogar mehr als das? Jedenfalls wollte ich dir schon immer mal sagen, dass ihr echt süß zusammen seid. So oder so.«

Echt süß zusammen. Annas Worte kreisen in meinem Kopf. Was Paul wohl so dringend von mir will, wo er doch weiß, dass ich heute Abend mit Anna unterwegs bin? Chloe hat mir erzählt, dass Kate einen neuen Freund hat. Als ich wissen wollte, wer es denn sei, hat sie nur den Kopf geschüttelt. »Nicht der Rede wert. Das wird eh nicht lange halten.«

Wie hat sie das gemeint? Ich wähle Pauls Nummer, und schon nach dem zweiten Klingeln geht er ans Telefon.

»Hallo, Jill!«

»Hey, Paul. Ich bin wieder zu Hause. Hab deine SMS gerade erst entdeckt.«

Er räuspert sich. »Ich habe keine guten Nachrichten. Ist komisch, dir das am Telefon zu erzählen, aber ich glaube, es ist besser so, damit du vorbereitet bist.«

Also doch. Er und Kate? Wieder schießen mir Annas Worte durch den Kopf. Süß zusammen. So oder so. Mir wird ganz schwindelig.

»Ich habe den Eindruck, du hast das ausgeblendet

und nicht mehr darüber nachgedacht … Also, falls du es noch nicht weißt …«

»Doch, tue ich!«, unterbreche ich ihn viel lauter als gewollt. Plötzlich bin ich richtig wütend.

»Ah, gut.«

»Gut? Für wen? Für mich nicht.«

»Wir könnten uns das Ganze doch morgen Abend gemeinsam ansehen. Und wenn du wirklich gezeigt wirst, dann lachen wir darüber, okay?«

»Ansehen? Wovon redest du?«

Eine Pause tritt ein.

»Na, davon, dass morgen *Supervoice* im Fernsehen kommt!«

Ich lehne mich in meinem Sessel zurück. Du meine Güte. Da wurde ich aber vor einer Riesenpeinlichkeit bewahrt.

»Ach so, genau, *Supervoice*!«

»Ich bin dann spätestens um acht Uhr bei dir, okay? Soll ich Chips mitbringen?«

»Nee, Leonie war mit Einkaufen dran. Wir sollten also genug dahaben. Ich werde sie auch fragen, ob ich ihre TV-Karte für mein Notebook ausleihen darf. Bis morgen, und schlaf schön!«

»Du auch. Bis dann.«

Ich seufze tief. Eine gute Nachricht ist die Übertragung im Fernsehen wirklich nicht, aber immer noch besser als das, was ich befürchtet hatte. Warum war ich denn plötzlich so sauer?

Weil du dich danach sehnst, Pauls Freundin zu sein. Weil er einfach eine Klasse für sich ist. Und dann würdest du vielleicht auch mal auf dein Äußeres achten.

Ach, Josy. Dein Geschwafel nervt. Außerdem hast du ja selbst bemerkt, wie sehr ich auf mich achte. Schminke und Fashion sind nicht alles. Schade, dass es für dich so ist. Du solltest wirklich über einen Umzug in einen anderen Kopf nachdenken. Wenn ich dir irgendwie beim Kistenpacken helfen kann …

Josy antwortet nicht, sie atmet nur schwer. Wahrscheinlich läuft sie morgen zur Höchstform auf, wenn Paul und ich *Supervoice* sehen. Vor einer Weile hatte ich noch solche Angst vor diesem Tag, aber inzwischen spüre ich nur noch ein mulmiges Gefühl im Bauch, mehr nicht. Paul wird schon dafür sorgen, dass ich nicht zusammenbreche.

Am nächsten Abend klingelt es pünktlich um acht an unserer Haustür. Ich öffne Paul und gebe ihm mit Zeichensprache zu verstehen, dass ich meiner Mutter und meinen Schwestern nichts von der Sendung erzählt habe.

Wir gehen hoch in mein Zimmer und machen es uns auf meinem Sofa gemütlich. Inzwischen bin ich schon richtig aufgeregt. Die Show beginnt, und die Kamera schwenkt zu den Warteschlangen vor der Weitlandhalle.

»Paul, sind wir das?«

»Wo?«

»Da! Das sind wir! Wir standen doch hinter den Mädels mit den Reisetaschen, die so aussahen, als würden sie gleich dort einziehen wollen.« Mir wird heiß und kalt zugleich. In der nächsten Szene treten schon die ersten Kandidaten auf. Es wird ein peinlicher Gesang nach dem anderen gezeigt und kommentiert. Jedes Mal, wenn ein neues Gesicht auftaucht, bin ich erleichtert, dass nicht ich es bin. Paul hockt mit hochgezogenen Schultern neben mir.

Kurz bevor die Show zu Ende ist, winkt er lässig ab. »Siehste, ich hab doch gewusst, dass alles gut geht.«

In dem Moment taucht der Wartesaal im Bild auf und ein Mädchen, dessen Make-up ganz verlaufen ist. Nacheinander werden verschiedene Kandidaten eingeblendet, die weinen, schreien oder aus der Halle rennen. Plötzlich zoomt die Kamera auf mein schockiertes Gesicht, dann sieht man, wie Paul an mich heranrückt und meinen Rücken streichelt. Kurz danach wird über das Mädchen berichtet, das ihre Startnummer angezündet hat. Zum Glück viel ausführlicher als über mich.

Als die Sendung zu Ende ist, warte ich auf Josys Kommentare, doch es herrscht eisige Stille. Paul hat sich zurückgelehnt und sagt auch kein Wort. Dafür klopft es an der Tür. Mama, Chloe und Leonie stürmen herein und quetschen sich zu uns aufs Sofa.

»Also, ich finde es ganz toll, wie du Jill da begleitet hast«, sagt meine Mutter zu Paul, der sich ganz klein gemacht hat, damit wir alle aufs Sofa passen. »Wir waren richtig aufgeregt wegen heute Abend. Aber so schlimm, wie du dachtest, war es doch gar nicht, oder, Jill? Wir haben lange überlegt, ob wir dich auf die Sendung ansprechen sollen. Da du aber nichts gesagt hast, wollten wir lieber erst mal abwarten, ob du sie dir überhaupt anschaust.«

»Da sie zum Glück nicht meinen Auftritt vor der Jury gezeigt haben … Nee, war okay.«

Chloe grinst, und Leonie beginnt zu kichern. »Gut, dass du nichts angezündet hast!«

Nun müssen wir alle lachen. Paul sieht richtig süß aus, wie er da so neben meinen Schwestern auf dem Sofa hockt.

Meine Mutter steht als Erstes auf. »Na, dann wollen wir mal wieder runtergehen.«

Paul springt mit auf. »Ich muss nach Hause.«

Ich begleite ihn zur Tür. Schade, dass er nicht noch kurz bleiben kann, damit wir über das Ganze reden können. Ich umarme ihn, ohne groß nachzudenken. Mir wird auf einen Schlag ganz warm.

»Danke. Für alles. Jetzt ist es überstanden.«

Er lächelt mich an. »Kein Problem.« Etwas unsicher fügt er hinzu: »Wozu sind Freunde denn da?«

Ich winke ihm noch hinterher, bevor ich gedankenverloren zurück in mein Zimmer gehe.

Am Montag in der Pause spricht Anna mich sofort auf *Supervoice* an.

»Mann, was für eine bekloppte Show! Sei froh, dass du nicht weitergekommen bist und da noch mal hinmusst. Außerdem hättest du dann viel zu wenig Zeit zum Malen.«

»Ja, das habe ich sowieso schon, weil ich immer in die blöde Schule muss. Lieber würde ich morgens gleich mit meinen Farben loslegen.«

Anna tut gekränkt. »Aber dann würden wir uns ja kaum noch sehen!«

Ich knuffe sie in die Seite. »Da hast du natürlich recht.«

Amy und die *Its* kommen auf uns zu.

»Allerdings müsste ich die dann auch nicht mehr sehen.«

Ich zeige auf Amy, Marie, Melanie und Stacey, die sich von der Seite nähern. Das haben sie sich schon lange nicht mehr getraut.

Amy bleibt wie zufällig neben mir stehen. »Na, wen haben wir denn da?«

Ich blicke mich um, als wüsste ich nicht, dass sie mich meint.

Amy nickt ihren Freundinnen Beifall heischend zu. »Sieh da, der große Star von *Supervoice*! Ist wohl nicht so gut gelaufen, oder? Wo hast du denn deinen Freund Paul gelassen?«

Ich gucke Amy direkt in die Augen, so lange, bis sie unsicher wegsieht. »Und wo hast du deine Freunde gelassen? Ich meine, richtige Freunde?« Demonstrativ drehe ich ihr den Rücken zu.

Anna legt mir ihren Arm um die Schulter. Wir gehen hoch erhobenen Hauptes zurück zum Gebäude. Ich lasse es mir nicht nehmen, mich noch einmal umzusehen. Amy steht wie angewurzelt auf dem Schulhof und starrt uns mit offenem Mund hinterher.

»Nicht schlecht, Jill! Du bist ganz schön schlagfertig! So schnell hätte ich keine passende Antwort parat gehabt. Ich hoffe, Amy begreift es jetzt endlich und lässt dich in Ruhe.«

Hey, Josy, wir haben doch über Umzug gesprochen. Willst du nicht vielleicht bei Amy einziehen? Dann ist sie nicht mehr so allein.

Josy?

Wieder mal keine Antwort.

16

DIE SCHMEHLENBERG hat diese Woche besonders miese Laune. Sie drückt jedem von uns ein fettes Referatsthema auf, das wir mit möglichst vielen Quellenangaben belegen sollen. In drei Wochen sollen wir schon alles fertig ausgearbeitet haben.

Am Mittwoch ruft sie mich nach dem Unterricht zu sich. Paul wirft mir einen geschockten Blick zu. Was kann die denn von mir wollen? Ich habe alle Hausaufgaben gemacht und mich sogar hier und da mal im Unterricht gemeldet.

Als die anderen den Klassenraum verlassen haben, setzt sie sich auf das Pult, vor dem ich unsicher wie ein aufgeregtes Zirkuspferd hin und her tänzele. Ihr Parfüm riecht wie eine Mischung aus überreifen Kirschen und Vanillekipferl.

»Also, Jill, das ist so. Ich habe jemanden kennengelernt.«

Ich starre sie fassungslos an. Soll das ein Witz sein? Und wen interessiert das?

»Einen Herrn Leonard Mari.«

Mein Herz sinkt eine Etage tiefer. Leonard und die Schmehlenberg? Wie ist das möglich? Bitte nicht!

Josy kichert in solch hoher Tonlage, dass mir die Ohren schmerzen.

Die Schmehlenberg macht, was sie will, auch wenn es dir nicht passt, o liebe Jill.

»Ich habe ihn auf einer seiner Ausstellungen getroffen. Über viele Umwege sind wir dann in unseren langen Gesprächen auch auf dich gekommen.«

In meinem Gesicht kribbelt es. Ich will hier raus!

»Er hat mir erzählt, dass er dir Unterricht gibt. Und das brachte mich auf eine Idee.« Die Schmehlenberg macht eine lange Pause und genießt es, dass sie endlich mal meine volle Aufmerksamkeit hat. »Im nächsten Monat führt die AG Darstellendes Spiel doch im Rahmen des Schultheater-Tages ein Stück auf. Es heißt ›Die Zeitreise‹ und führt durch verschiedene geschichtliche Epochen. Zur Aufführung werden wichtige Leute eingeladen. Wir suchen noch jemanden, der sich um das Bühnenbild kümmert. Die letzten Jahre hatten wir bei unseren Stücken immer nur einen einzigen einfarbigen Hintergrund. Dieses Mal wird es sehr aufwendig sein, da mindestens sieben verschiedene Szenerien benötigt werden. Du müsstest dir also auch Helfer suchen.«

Ich bin baff. Da ich erst mal überlegen muss, genieße nun ich die volle Aufmerksamkeit der Schmehlenberg. Sie betrachtet mich prüfend. Ich schweige so lange, bis ich es selbst nicht mehr aushalte. »Also, ich hätte schon Lust darauf. Allerdings glaube ich nicht, dass ich gleichzeitig das Referat **und** das Bühnenbild schaffe.« Es fällt mir schwer, ein Grinsen zu unterdrücken.

Frau Schmehlenberg atmet tief durch. »Das ist jetzt wirklich die absolute Ausnahme, Jill. Damit du dich voll und ganz auf das Bühnenbild konzentrieren kannst, bin ich bereit, dir den Vortrag zu erlassen. Sicher wirst du einige Nachmittage in der Woche in der Schule verbringen müssen.«

»Einverstanden.«

Die Schultern meiner Lehrerin sinken herab, und sie seufzt erleichtert. »Sprich am besten mal mit Frau Nolte vom Darstellenden Spiel. Sie wird dir alles über das Stück erzählen und was genau benötigt wird.«

»Okay, mach ich.«

»Na dann, ab in die Pause, Jill. Und weiterhin viel Erfolg beim Malen mit Leonard, ich meine, mit Herrn Mari.«

Auf dem Schulhof schnappe ich mir Paul und Anna.

»Ihr glaubt nicht, was eben passiert ist.« Ich erzähle ihnen die ganze Geschichte, und die beiden kleben an meinen Lippen.

Fassungslos schüttelt Paul den Kopf. »Das gibt es doch gar nicht. Die und mein Onkel? Meinst du, da läuft was? Oder bildet die sich nur ein, Leonard könnte sich für sie interessieren?«

Anna kichert. »Sie hat ja nicht wirklich etwas dazu gesagt, oder? Vielleicht haben sie sich einfach nur auf einer Vernissage gut unterhalten.«

»Ja, wer weiß. Auf jeden Fall brauche ich ganz dringend eure Hilfe! Seid ihr dabei?«

»Na klar!«, rufen Paul und Anna wie aus einem Mund.

»Große Farbeimer kann ich vom Hausmeister bekommen«, sprudelt es aus Paul heraus.

»Und ich könnte bestimmt ein paar Stellwände aus der Boutique meiner Mutter organisieren. Die kannst du dann bekleben und bemalen.«

»Ihr seid super. Danke!«

Frau Nolte erzählt mir ausführlich vom Stück und kopiert mir das Textbuch. Doch wie die Kulisse aussehen soll, weiß sie auch nicht. Irgendwie habe ich das Gefühl, dass sie sich gar nicht freut, dass **ich** das Bühnenbild übernehme. Im Gegenteil.

»Na, dann versuch mal dein Glück«, wirft sie mir mit einem Augenzwinkern entgegen.

Sie traut es mir wohl nicht zu. Eigentlich kennt sie mich doch gar nicht. Gut, sie war mal ein Jahr meine Sportlehrerin und erinnert sich vielleicht noch an einige meiner kleinen Unfälle, aber das hat doch nichts mit dieser Sache zu tun.

Der werde ich es zeigen. Und Amy, die im Stück mitspielt, auch. Bestimmt hat sie eine schillernde Hauptrolle und genießt den Ruhm in vollen Zügen.

Anna, Paul und ich sitzen in meinem Zimmer. Vor uns auf dem Boden liegt ein Riesenblatt Papier, auf dem wir alle unsere Ideen für das Bühnenbild aufschreiben.

Josy hat seit dem Gespräch mit der Schmehlenberg nichts mehr gesagt. Deshalb zucke ich richtig zusammen, als ich plötzlich ihre Stimme höre.

Echt süß, diese Sommersprossen. Bei den anderen Jungs sind die immer über das ganze Gesicht verstreut, aber bei Paul gibt es drei Gruppen kleiner Punkte. Eine über der Nase und jeweils eine neben den Wangen.

Vor Verblüffung bleibt mir der Mund offen stehen. Das ist das allererste Mal, dass Josy etwas sagt, was nicht abnervt. Sondern etwas, was … Warum ist mir das denn noch nie aufgefallen?

So unauffällig wie möglich betrachte ich Pauls Gesicht. Tatsächlich. Sommersprossengruppen. Dazu seine braunen Haare und diese hellblauen Augen, die manchmal direkt in mich reinsehen können. Mein Herz beginnt ohne Vorwarnung, zu rasen. Während Anna redet, kann ich meinen Blick gar nicht mehr von Paul lassen. Er sieht auf und guckt mich fragend an.

»Ich muss mal eben aufs Klo!« Ich springe auf und sprinte ins Bad, ohne mich noch mal umzudrehen. Da sitze ich nun auf unserer kleinen Bank und versuche, mich zu beruhigen. Peinlich, was ist denn nur los?

Jemand rüttelt an der Türklinke. Dann klopft es. »Hallo?«, höre ich Chloe fragen.

Erleichtert atme ich auf. »Ja, ich bin hier drin.«

Ich öffne ihr und hocke mich wieder auf die Bank. Chloe macht leise die Tür hinter sich zu und setzt sich neben mich.

»Was ist denn los? Hast du nicht Besuch? Oder versteckst du dich etwa?«

»Na ja, verstecken würde ich das nicht nennen. Obwohl, doch, vielleicht schon.«

»Hmm. Und wovor?«

»Vor Paul.«

Chloe schnellt hoch. »Hä? Hat er dir was getan?«

Ich lächle meine Schwester unsicher an. »Ich glaube schon.«

Chloe setzt sich wieder. »Ach so. Ich verstehe. Glaube ich jedenfalls.«

Wir sitzen eine Weile schweigend nebeneinander.

»Warum gehst du nicht zurück in dein Zimmer und guckst mal, was passiert? Manchmal ist es sowieso zu spät, um etwas aufzuhalten.«

»Wie meinst du das?«

»Also, es kann ja sein, dass du das nicht ganz erkennst, aber Paul ist seit Langem in dich verschossen. So, wie er dich ansieht, gibt es da keinen Zweifel. Wenn es bei dir auch kribbelt, dann brauchst du keine Angst zu haben. Genieß es einfach, und lass es auf dich zukommen.«

Chloe hat immer die passenden Worte parat. Wortlos umarme ich meine Schwester.

Sie drückt mich ganz fest und deutet dann mit ihrem Zeigefinger Richtung Tür. »So, jetzt muss ich aber pinkeln!«

Nachdenklich verlasse ich das Bad und gehe wieder in mein Zimmer. Ich versuche so zu tun, als wäre nichts gewesen, aber ich muss ständig zu Paul rübergucken. Und dann wummert mein Herz wie verrückt. Gerade diskutiert er mit Anna darüber, ob man das Mittelalter lieber mit einer einzelnen Burg oder mit einer ganzen Stadt darstellen sollte. Ich bin froh, dass keiner der beiden fragt, wo ich die ganze Zeit war.

So langsam entspanne ich mich wieder. Ich atme tief durch und konzentriere mich voll und ganz auf das Bühnenbild.

Der Zeitplan sieht vor, dass ich an drei Nachmittagen in der Schule arbeite. Anna und Paul werden mir so oft wie möglich helfen.

Leonard ist ganz aus dem Häuschen, als ich ihm erzähle, dass ich für das Schultheater malen soll. »Das freut mich so, Jill! Begeisterung wird immer belohnt.«

Er gibt mir Tipps, wie ich bei so einer großen Fläche am besten vorgehe. Was es mit ihm und der Schmehlenberg auf sich hat, bekomme ich allerdings nicht aus ihm heraus.

Inzwischen kann ich an gar nichts anderes mehr denken als an das Theaterstück. Ich kenne sogar schon die Dialoge der Schauspieler auswendig.

Zum Glück geht es am Montag endlich los. Paul, Anna und ich schieben die Stellwände hin und her und messen den Platz aus, den wir insgesamt haben. Paul hilft mir, die große Leinwand herunterzufahren. Sie wurde extra für das Stück besorgt und ist noch ganz weiß.

Immer, wenn mir der Gedanke kommt, dass ich das Ganze versauen könnte, werden meine Hände ganz schwitzig und zittrig. Meistens habe ich aber kaum Zeit zum Nachdenken, denn es gibt so viel zu tun.

Die ersten Tage hat mich Frau Nolte nicht aus den Augen gelassen, was das Malen nicht gerade leichter gemacht hat. Auch die Schmehlenberg ist ein paarmal aufgetaucht und hat ihren Senf dazugegeben. Die Einzige, die sich ihre Kommentare neuerdings spart, ist Josy.

Obwohl ich diesen Moment so lange herbeigesehnt habe, kann ich mich nicht richtig darüber freuen. Vielleicht wartet Josy nur auf die passende

Gelegenheit, um mich wieder durcheinanderzubringen?

Ein paarmal habe ich hinter der Bühne gemalt, während die Theatergruppe geprobt hat. Amy habe ich dabei nie gesehen, aber das könnte auch daran liegen, dass einige der Darsteller in anderen Räumen geübt haben.

Ich fühle mich wie eine richtige Künstlerin. Zu Hause bearbeite ich die Aufgaben von Onkel Leonard, einmal in der Woche treffen wir uns zum Unterricht in seinem Atelier, und zum Improtheater gehe ich natürlich auch weiterhin.

Immer, wenn Anna, Paul und ich uns nachmittags in der Schule treffen, stürzen wir uns erst mal auf die Kekse und die Schokolade, die wir reihum mitbringen, bevor wir uns an die Arbeit machen. Wir sind ein klasse Team geworden. Anna sorgt allein durch ihre Anwesenheit für gute Laune, und Paul … Ich bekomme immer noch Bauchkribbeln, wenn mir seine Sommersprossen und sein süßes Lächeln ins Auge fallen.

Eine Woche vor der Aufführung sind wir so gut wie fertig mit dem Bühnenbild. Ich muss mich nur noch um ein paar winzige Details kümmern. Als ich die große Tür zum Theatersaal öffne, höre ich Schritte, die sich hektisch entfernen.

»Hallo?«, rufe ich.

Bevor ich jemanden erkennen kann, knallt die Bühnentür zu. Komisch.

Ich klettere auf die Bühne und blicke mich verwundert um. Nichts ist mehr so, wie ich es gestern hinterlassen habe. Paul oder Anna hätten mir erzählt, wenn sie ohne mich weitergearbeitet hätten. Irgendjemand hat hier alles durcheinandergebracht.

Mit klopfendem Herzen lasse ich die Leinwand herunter, die mich am meisten Zeit gekostet hat.

Doch was ist das? Mitten auf dem Tor, das den Durchgang für die Zeitreisenden darstellen soll, prangt ein dicker schwarzer Fleck! Ich stoße einen erstickten Schrei aus.

Könnte Amy zu so etwas fähig sein?

Fassungslos rutsche ich an der Wand hinab und starre ungläubig auf das pechschwarze Tor. Dann zücke ich mein Handy und rufe Paul an. Ich muss gar nicht viel sagen. Eine Viertelstunde später sitzt er neben mir. So dicht, dass ich spüre, wie sein Herz rast. Er muss ganz schön in die Pedale getreten haben.

Paul legt seinen Arm um mich und lässt die Gemeinheit wortlos auf sich wirken. Kaum merklich streichelt er meine Schulter. Vorsichtig rückt er noch ein Stückchen näher. Ich genieße seine Wärme. Wie gut er riecht. Hat er das Parfüm schon länger?

»Jill, wer auch immer dir das angetan hat, wir machen das Beste daraus. Ich hab eine Idee«, durchbricht Paul die Stille.

Er geht zum Hausmeister und holt uns eine Leiter. Wir beschließen, einen weißen Rand um den großen schwarzen Farbklecks zu malen.

Überraschenderweise sieht es gar nicht schlecht aus. Plötzlich ist aus dem alten Eisentor ein geheimnisvolles Gate geworden, wie man es aus Science-Fiction-Filmen kennt. Eigentlich wirkt es sogar viel cooler als vorher.

Paul geht einige Schritte zurück und baut sich vor der Leinwand auf. »Na, was sagst du?«

»Ich bin begeistert. Echt. Deine Idee ist der Hammer! Wer auch immer die Farbe ausgekippt hat, wird sich ganz schön ärgern, dass so etwas Tolles dabei entstanden ist! Was würde ich nur ohne dich machen?«

Ich gehe schnell auf ihn zu, ohne zu wissen, was ich tue.

17

DIREKT VOR PAUL bleibe ich stehen. Sehr nah, so nah wie noch nie. Fast berühren sich unsere Gesichter. Ich gehe noch näher an ihn heran, lege meine Arme um ihn und meine Wange an seine. Pauls Haut ist weich und angenehm warm. Er streichelt mir über den Kopf, und im selben Moment bewegen sich unsere Münder aufeinander zu. Seine Lippen schmecken nach Limonade – süß und prickelnd. Es fühlt sich an, als wären wir beide durch das Zeittor geschwebt und hätten das Alte hinter uns gelassen.

Plötzlich zuckt Paul zusammen. Die Tür quietscht. Er tritt blitzschnell einen Schritt zurück.

Hochhackige Absätze klappern durch den Saal. »Aha, wie ich sehe, seid ihr in die Arbeit vertieft«, stellt die Schmehlenberg fest.

Paul läuft rot an. Der Blick der Schmehlenberg fällt auf die Leinwand. Sie legt ihren Kopf schräg, erst zur einen, dann zur anderen Seite. »Das Tor, sah das nicht vor einer Weile noch anders aus?«

»Ja, wir haben es noch mal überarbeitet. So ist es moderner.«

Ich hätte ja einfach sagen können, dass mir jemand einen Streich gespielt hat, aber das will ich gar nicht. Nicht dass Amy, oder wer auch immer, sich noch darüber freut.

»Na dann, mir hat zwar das Eisentor besser gefallen, aber jetzt es wohl zu spät, noch etwas zu ändern. Bestimmt hast du es mit Frau Nolte abgesprochen.«

Mit Frau Nolte abgesprochen, na ja, indirekt schon. Ich habe mein Glück versucht. Das ist ja das, was sie wollte.

Paul und ich steigen vor der Schule auf unsere Fahrräder und fahren schweigend nebeneinander her. Vor unserem Haus bremse ich, und Paul springt schnell von seinem Fahrrad, direkt vor meine Füße.

»Das können wir gerne bald mal wiederholen, also, diese Teamarbeit, meine ich.«

Wir müssen grinsen.

»Ja, gerne.« Mein linkes Auge zuckt unaufhörlich, und in meinem Bauch kitzelt es. »Also dann, bis morgen!«

»Ich freue mich schon.« Paul zwinkert mir zu und schwingt sich wieder auf sein Fahrrad.

Ich stoße unsere Haustür mit etwas zu viel Schwung auf, sodass sie aus Versehen gegen die Wand knallt.

»Hey!«, ruft meine Mutter. Es riecht herrlich nach frischem Basilikum.

»Sorry!« Ich trete in die Küche und lehne mich

an die Arbeitsplatte. »Hmm. Nudelpfanne mit frischen Kräutern, Zwiebeln, Tomaten und Auberginen? Wunderbar!«

Mama mustert mich neugierig. »Na, einen guten Tag gehabt?«

»Ja, das kann man so sagen. Das Bühnenbild ist fast fertig. Kommst du nächste Woche zur Aufführung?«

»Na klar. Ich hab schon letzte Woche den Termin eines Mandanten verschoben, damit ich es rechtzeitig schaffe.«

»Super! Ich bring nur eben meine Sachen hoch, und dann helfe ich dir.«

»Jill, warte noch mal eben.« Sie legt das Messer aus der Hand, wäscht sich die Hände und dreht sich zu mir um.

»Ich möchte, dass du weißt, wie stolz ich auf dich bin. Wie du dich auf die Suche gemacht hast und dann zum Malen gefunden hast. Ich unterstütze dich voll und ganz. Aber ich wäre genauso stolz auf dich, wenn du immer noch Nikolaushäuser mit Sonnen und Strichmännchen malen und mir in die Tasche stecken würdest. Du bist doch meine Jill. Und das allein ist mehr als genug.« Mamas Augen röten sich. Das kommt nicht von den Zwiebeln. Wir umarmen uns.

»Danke, Mama. Meine erste Vernissage werde ich dir widmen.«

Sie streicht sich lachend eine Haarsträhne aus dem Gesicht.

Während unseres Erzählrituals am Abend berichte ich allen von der fiesen Farbattacke auf mein Bühnenbild.

Empört richtet sich Leonie auf ihrem Stuhl auf. »Wie bitte? Wer war das? Und was machen wir jetzt mit dieser Person?«

Auch Chloe hat ihre Stirn in zornige Falten gelegt. Mama sieht eher besorgt aus.

»Ich weiß es nicht genau, aber vielleicht war es diese Amy, von der ich euch schon öfter erzählt habe. Ist jetzt aber auch egal, denn Paul und ich haben das Beste daraus gemacht.«

Ich muss schon wieder breit grinsen.

Chloe grinst auch, als wisse sie, was da heute im Theatersaal zwischen Paul und mir gelaufen ist.

Später im Bett schreibe ich Anna noch eine SMS.

Jemand hat die Leinwand mit Farbe beschmiert! Aber Paul und ich haben alles gerettet. Und wir haben uns geküsst.

Kurze Zeit später antwortet Anna:

Mit Farbe beschmiert? Muss ich mir morgen sofort ansehen. Amy vielleicht?

Na ja, wenn sie dir dieses Glück im Unglück beschert hat, dann kannst du ihr dankbar sein. Ich sag ja, Paul und du – ihr seid süß zusammen. Und da liegt küssen doch sehr nahe. ;-) Ich freue mich! Schlaf gut! Und träum was Schönes. ;-) Deine Anna.

Die letzten Tage bis zur Aufführung ziehen sich unangenehm lange hin. Paul und ich haben außer bei den Vorbereitungen für das Stück keine Zeit für uns allein. Die Stimmung ist trotzdem gut, denn wir sind im Vorfreude-Modus.

Endlich ist der ersehnte Abend gekommen, und ich gehe ein letztes Mal alles mit Ben aus meinem Improkurs durch, der die Technik und Requisite für den Abend übernimmt. Dann lehne ich mich in meinem Stuhl in der ersten Reihe zurück. Jetzt kann ich nichts mehr tun. Anna sitzt rechts neben mir, Paul links. Die Aufführung beginnt erst in einer Stunde, doch wir sind schon ganz aufgeregt. Puh, Vorfreude kann ganz schön erschöpfend sein!

»Hört zu, ohne euch hätte ich das nie geschafft. Danke!«, sage ich zu meinen beiden Freunden.

Paul legt den Kopf leicht schief, wie er es immer tut, wenn er verlegen ist, und Anna bekommt vor Stolz rote Wangen. Hinter uns habe ich Stühle für Mama, Chloe, Leonie und Papa reserviert, da in der ersten Reihe nichts mehr frei war. Die meisten Plätze sind für die wichtigen Gäste vom Schulamt reserviert.

Ich habe noch immer nicht herausgefunden, welchen Part Amy in dem Theaterstück spielt. Es gibt so viele Rollen, dass man nur schwer durchblickt. Die beiden Hauptrollen sind jedenfalls an andere vergeben worden – das habe ich beim Malen während der Proben mitbekommen. Wie ich aus dem Textbuch weiß, gibt es aber noch mindestens vier weitere Charaktere mit großem Sprechanteil.

Der Saal füllt sich nach und nach. Paul blickt sich ständig um. Unsere Beine berühren sich. Anna knibbelt unruhig an ihren Fingern herum.

Chloe, Leonie, Mama und Papa sind sogar eine halbe Stunde vor Beginn da. Das ehrt mich sehr, denn normalerweise kommen sie immer erst auf den letzten Drücker. Während Frau Nolte eine langatmige Rede hält, legt Leonie mir ihre Hand auf die Schulter und flüstert: »Ich bin schon ganz gespannt auf deine Meisterwerke, van Jill!«

Ich drehe mich zu ihr um und entdecke, dass Onkel Leonard neben meiner Familie Platz genommen hat. Er nickt mir lächelnd zu. Wie toll, dass er auch gekommen ist! Nun sind wirklich alle da.

Als der Vorhang sich öffnet, geht ein Raunen durchs Publikum. Die ersten Szenen spielen im Mittelalter. Ben hat meine Festung mit gelben, roten und weißen Lichtern so genial in Szene gesetzt, dass ich selbst staunen muss. Das Tor für die Zeitreisenden sieht aus, als könnte es einen verschlucken. Szene für Szene entführt uns die Kulisse in eine andere Welt. Die Schauspieler geben ihr Bestes, auch wenn die Souffleuse eine ganze Menge zu tun hat.

Doch wo ist eigentlich Amy? Das Stück ist schon fast zu Ende, und ich habe sie noch in keiner Szene entdecken können. Dann erkenne ich sie. Sie spielt den neuen Hofnarren, der einen kurzen, schlechten Witz erzählt, bevor er vom König von der Bühne gescheucht wird. Von wegen Glanz und Glamour. Ich bin hin- und hergerissen zwischen Mitleid und Schadenfreude. Paul, Anna und noch einige Leute im Publikum, darunter sogar Stacey und Marie, scheinen diesen Part für Amy jedenfalls sehr passend zu finden. Es gibt einen kleinen, gemeinen Szenenapplaus, während der König sie davonjagt.

Als der Vorhang zum letzten Mal aufgezogen wird, stehen alle Schauspieler samt Frau Nolte auf der Bühne und verbeugen sich. Sie bekommen einen tosenden Applaus. Frau Nolte winkt mich heran. Wie, jetzt, sofort?

»Na los, auf die Bühne!« Anna gibt mir einen kleinen Stoß. Fast falle ich hin, denn wenn ich aufgeregt bin, machen meine Beine nun einmal, was sie wollen. Ich stolpere auf die Bühne, und die beiden Hauptdarsteller fassen mich an den Händen. Wir verbeugen uns tief, aber ich versäume es, wieder rechtzeitig hochzukommen. Als die Schauspieltruppe einen Schritt zurücktritt, werde ich ruckartig nach hinten gerissen. Ich falle nicht, aber mir wird richtig schwindelig. Da habe ich den Moment wohl etwas zu sehr ausgekostet. Egal, meine Fans, also Paul, Anna, Chloe, Leonie, Mama, Papa und Onkel Leonard, stampfen heftig mit den Füßen auf den Boden.

Einen Moment lang ist es ein bisschen wie in meinem Traum damals. Gut, keine Kuscheltiere, keine Gitarre und kein Soloauftritt, aber ansonsten ähnlich. Als der Applaus nach und nach abebbt, taumele ich glückstrunken von der Bühne. Paul umarmt mich als Erster, dann stürmen Anna, Mama, Papa und meine Schwestern auf mich zu. Onkel Leonard nimmt meine Hand in seine großen Hände. »Klasse, wie du das Bühnenbild gestaltet hast! Es macht Spaß, jemanden zu begleiten, der so viel Freude hat an dem, was er tut!«

Ich beobachte, wie die Schmehlenberg sehnsüchtige Blicke in Leonards Richtung wirft, aber sie kommt nicht zu uns herüber.

Ich weiß gar nicht, wo ich mit meinem ganzen Glück hinsoll, da entdecke ich Amy im hinteren Teil des Saals. Sie steht dort ganz allein und scheint Selbstgespräche zu führen. Entschlossenen Schrittes gehe ich auf sie zu. Amy blickt mir angstvoll entgegen.

»Na, mit wem sprichst du denn?«

»Ach, mit niemandem.«

Hey, Josy, hast du doch noch ein neues Zuhause gefunden? Falls ja, bin ich gespannt, was du über mich erzählst.

»Was sagst du zu dem großen Farbklecks auf der Leinwand, Amy?«

Plötzlich sieht sie ganz klein und schwach aus. Sie überlegt eine Ewigkeit, bevor sie antwortet. »Hör zu. Ich hab das nicht geplant. Ich hatte gehofft, dass du das nicht auf die Reihe kriegst mit dem Bühnenbild, doch als ich gesehen habe, wie gut es ist – und dagegen meine bekloppte Rolle …«

»Warum hast ausgerechnet **du** die Rolle des Hofnarren übernommen? Ich hätte eher gedacht, dass du dir die Prinzessin oder die hübsche Zofe schnappst.«

»Die Nolte hat mich erpresst. Als ich in die Theatergruppe gekommen bin, hatten die schon ewig lange an dem Stück geprobt. Alle guten Rollen waren längst vergeben. Sie hat gesagt, dass ich nächstes Mal eine strahlende Hauptrolle kriege, wenn ich erst mal den Hofnarren spiele. Ich hab wohl so eine Art Wutanfall bekommen und es an deiner Arbeit ausgelassen.« Sie senkt den Kopf. »Es tut mir echt leid.«

Zum ersten Mal erkenne ich, wie zerbrechlich Amy eigentlich aussieht. Unter der ganzen Schminke steckt jemand, der eigentlich gut im Klub der scheuen Rehe aufgenommen werden könnte.

»Wenigstens bist du ehrlich. Eigentlich hast du mir geholfen, alles noch besser zu machen. Wenn du in dieser Theatergruppe bleibst, dann wird Frau Nolte dir beim nächsten Mal bestimmt eine bessere Rolle geben. Das wird schon. Und nun komm, jetzt wird gefeiert! Wenn die Schmehlenberg schon mal zu Chips, Kuchen und Getränken einlädt, dann sollten wir uns das nicht entgehen lassen.« Ich lächle Amy an. Das habe ich noch nie gemacht. Es fällt mir leichter als gedacht. Sie wirkt einen Moment lang erleichtert und glücklich, dann setzt sie wieder ihre gewohnt arrogante Miene auf.

In unserem Klassenraum wurden die Tische zur Seite geräumt, nur vorn stehen noch welche für das Buffet. Der krönende Abschluss meiner ersten After-Show-Party ist ein Küsschen von Paul, das er mir auf die Wange haucht, als wir gemeinsam am Buffet stehen.

»Ich hab doch immer gesagt, dass du vieles gut kannst und das eine finden wirst, das voll und ganz dein Ding ist. Auf jeden Fall bin ich froh, dass du uns jetzt nicht mehr mit verrückten Ideen strapazieren wirst. Das hätte uns irgendwann noch in den Wahnsinn getrieben.«

Ich kneife ihn zärtlich in die Seite, und wir lachen. Chloe, die am anderen Ende des Buffets steht, hebt ihr Glas in meine Richtung und streckt ihren Daumen in die Höhe. Sie strahlt so sehr, dass es auch dann anstecken würde, wenn nicht solch ein genialer Tag wäre.

Vielleicht werden irgendwann wirklich Zeitreisen erfunden. Und dann kann ich immer wieder zu diesem Moment zurückkehren.

18

LIEBE JOSY,

da ich seit einem Monat nichts mehr von dir gehört habe, gehe ich davon aus, dass du nicht mehr bei mir wohnst. Ich beobachte immer öfter, wie Amy in Selbstgespräche vertieft ist. Deshalb denke ich, dass du nun wirklich bei ihr eingezogen bist.

Bitte sei nett zu ihr. Ich glaube, sie hat es nicht leicht. Sie hat mir anvertraut, dass ihre Eltern selten Zeit haben, und sie hat keine so tollen Schwestern wie ich. Und seit sie auf der Bühne so uncool war und öfter etwas weggetreten wirkt, haben sich die anderen Its von ihr abgewandt.

Falls es dich interessiert – Leonie hat einen neuen Freund. Der würde dir gefallen. Er sieht sehr gut aus und ist nicht solch ein Loser wie dieser Patrick. Chloe scheint auch verliebt zu sein, in irgend so einen Handballspieler, wie sollte es anders sein.

Ich frage mich, was dich letztendlich vertrieben hat. Obwohl - eigentlich weiß ich es. Du hättest wohl nicht gedacht, dass ich jemals etwas finden würde, was mir so viel Spaß macht wie das Malen, oder? Das ist doch sowieso das Wichtigste. Ich habe mich auf die Suche gemacht, weil ich berühmt sein wollte, aber etwas viel Tolleres ist passiert. Ich habe ein Hobby gefunden, in das ich jederzeit abtauchen kann. Und Anna, die es schafft, dass ich nicht mehr so oft zweifle und viel mehr lache.

Aber vor allem: Paul. Ich habe immer gedacht, dass es nur Ärger gibt, wenn beste Freunde sich ineinander verlieben. Aber das stimmt überhaupt nicht.

Mit Paul und mir läuft es einfach super. Als hätte ich noch meinen besten Freund, aber eben noch viel mehr dazubekommen. Ob das immer so bleibt, keine Ahnung, aber jetzt genieße ich es erst mal genau so, wie es ist.

Auch wenn du mich immer genervt hast und ziemlich gemein warst, vermisse ich dich manchmal. Eigenartig, aber wahr.

Danke, dass du mich auf Pauls Sommersprossen aufmerksam gemacht hast, als Abschiedsgeschenk sozusagen. Wer weiß, vielleicht wären wir sonst noch in diesem komischen Zustand zwischen Freundschaft und Verliebtsein. Nun ist er mein Superstar.

Und noch was, obwohl du das ja eh nicht mehr hörst - ich habe mir neue Wimperntusche gekauft und sogar Lidschatten. Den würde ich zwar nie so fett auftragen, wie du es mir geraten hast, aber immerhin ist es sicher etwas, was du nicht vermutet hättest.

Das Wichtigste ist, dass ich es endlich geschnallt habe: Ich bin besonders, und das war ich auch vorher schon.

Also, Josy, mach es gut. Und viel Spaß mit Amy.

Deine Jill

Quellen

Rihanna – *Diamonds*
Songwriters: Sia Furler, Tor Erik Hermansen,
Mikkel Eriksen, Benjamin Levin
Lyrics © EMI Music Publishing

Pink – *Most Girls*
Songwriters: Damon Thomas, Kenneth Edmonds
Lyrics © EMI Music Publishing, Sony / ATV Music Publishing LLC

Tim Bendzko – *Nur noch kurz die Welt retten*
Songwriters: Simon Triebel, Mo Brandis, Tim Bendzko
Lyrics © EMI Music Publishing

Jason Derulo – *What If*
Songwriters: Jason Derulo, J. R. Rotem
Lyrics © Sony / ATV Music Publishing LLC, Universal Music
Publishing Group

Hoch auf dem gelben Wagen
Deutsches Volkslied nach dem Gedicht »Der Wagen rollt« von
Rudolf Baumbach (Erstdruck 1879)

CHAOS-QUEEN AUF RÄDERN

Usch Luhn
River Love

Lio startet jetzt richtig durch! Sie schreibt tolle Artikel für die Schülerzeitung Re@lity und ist immer auf der Suche nach einer spannenden Reportage. Eines Tages kommt sie einer Wahnsinnsstory auf die Spur! Und endlich kehrt ihr Freund Niclas aus Holland zurück. Lio freut sich riesig! Allerdings ist da auch noch Jasper, der coole Chef der Schülerzeitung ...

176 Seiten – Ab 12 Jahren
ISBN 978-3-86430-018-9

Fettnäpfchen
Reporterin
Entdeckungsreise

www.pinkupyourlife.de

Pink